图说餐饮管理系列

餐饮企业人力资源管理指南

乔继玉 编著

图解版

化学工业出版社

·北京·

《餐饮企业人力资源管理指南》首先介绍餐饮企业人力资源管理系统及其整体运作流程,再详细介绍餐饮企业组织设计,工作分析与岗位职责,餐饮企业的招聘与培训,以及餐饮企业考勤、异动与绩效等的要求、操作方法、技巧及注意事项,再分别就餐饮企业人力资源规范化管理,介绍其流程、制度、表单的设计要求和方法,并提供可操性实例供参考。

本书是餐饮企业的实用管理工具书,书中收录的岗位职责、管理制度、管理流程、管理表格等多来源与国内知名餐饮企业。

《餐饮企业人力资源管理指南》内容涵盖面广,实用性强,图表为主。可供餐饮企业经营管理者及相关从业人员参考,也可供相关院校师生及培训机构教学使用。

图书在版编目(CIP)数据

餐饮企业人力资源管理指南:图解版/乔继玉编著.
—北京:化学工业出版社,2019.1
(图说餐饮管理系列)
ISBN 978-7-122-33102-1

Ⅰ.①餐⋯ Ⅱ.①乔⋯ Ⅲ.①饮食业-企业管理-人力资源管理-图解 Ⅳ.①F719.3-64

中国版本图书馆CIP数据核字(2018)第223856号

责任编辑:陈 蕾　　　　　　　　　　　　装帧设计:尹琳琳
责任校对:边 涛

出版发行:化学工业出版社(北京市东城区青年湖南街13号　邮政编码100011)
印　　刷:三河市航远印刷有限公司
装　　订:三河市瞰发装订厂
787mm×1092mm　1/16　印张11½　字数258千字　2019年1月北京第1版第1次印刷

购书咨询:010-64518888　　　　　　　　　售后服务:010-64518899
网　　址:http://www.cip.com.cn
凡购买本书,如有缺损质量问题,本社销售中心负责调换。

定　　价:49.80元　　　　　　　　　　　　　　　　版权所有　违者必究

前 言

"民以食为天"。长期以来,餐饮业作为第三产业中的主要行业之一,对刺激消费需求,推动经济增长发挥了重要作用,在扩大内需、安置就业、繁荣市场以及提高人民生活水平质量等方面,也做出了积极贡献。

但是,近几年来,我们可以看到,由于受国内外经济增长放缓、食品安全等不确定因素增多的影响,餐饮业营业收入增幅也相应降低,与前几年的高速增长相比,已出现明显放缓迹象。

目前的餐饮行业在发展的同时,面临着食品原材料成本上升、劳动力成本提升、管理人才匮乏、成本控制难等多方面问题,行业竞争愈演愈烈。而且,餐饮业务构成复杂,既包括对外销售,也包括内部管理;既要考虑根据餐饮企业的内部条件和外部的市场变化,选择正确的经营目标、方针和策略,又要合理组织内部的人、财、物,提高质量,降低消耗。另外,从人员构成和工作性质来看,餐饮业有技术工种,又有服务工种;既有操作技术,又有烹调、服务艺术,是技术和艺术的结合。这必然给餐饮管理增加一定的难度。

餐饮企业要突破目前的困局,做大做强,必须调整好整个企业内部的人力、物力、财力,加强内部的管理,尽可能地降低成本,同时,要掌握好市场的动向,做好市场营销推广,为客户提供更优质的服务来吸引广大消费者,从而促使企业健康地成长下去。

基于此,我们组织了餐饮行业的一线管理人员、相关的咨询培训顾问和职业院校酒店餐饮专业的老师,共同编写了"图说餐饮管理系列"丛书第二辑四本。具体如下。

- 《餐饮企业采购业务实战指南》(图解版)
- 《餐饮企业人力资源管理指南》(图解版)
- 《餐饮企业营销促销实战指南》(图解版)
- 《餐饮管理与服务从入门到精通》(图解版)

本丛书板块设置精巧、图文并茂,以简洁精确的文字对餐饮企业各项工作的要点进行了非常生动、全面的讲解,方便读者理解、掌握。同时,本系列图书非常注重实际操作,使读者能够边学边用,迅速提高自身管理水平。

《餐饮企业人力资源管理指南》(图解版)首先介绍餐饮企业人力资源管理系统及其整

体运作流程、再一一介绍餐饮企业组织设计、餐饮企业的招聘与培训及餐饮企业考勤、异动与绩效等的要求、操作方法、技巧及注意事项，再分别就餐饮企业人力资源规范化管理的介绍流程、制度、表单的设计要求和方法，并提供可操性的东西供参考。

　　本书由乔继玉编著，谷祥圣、陈波、王益峰、王丹、王红、王振彪、杨文梅、齐小娟、陈超、李相田、马晓娟、刘艳玲、冯永华、李景安、吴日荣、吴少佳、陈海川、马会玲、卢硕果、任克勇、曾红、梁文敏参与了本书的资料收集和编写工作，滕宝红、匡仲潇对全书相关内容进行了认真细致的审核。

编著者

目 录

第一章 餐饮企业人力资源管理概述

第一节 餐饮企业人力资源管理系统 ······ 2
  一、人力资源管理系统 ······ 2
  二、建立人力资源管理系统目标 ······ 2

第二节 餐饮企业人力资源管理系统运作 ······ 2
  一、人力资源管理系统与其他管理系统之间的关系 ······ 2
  二、人力资源管理系统操作流程 ······ 4

第二章 餐饮企业组织设计

第一节 餐饮企业人力资源组织设计 ······ 6
  一、组织设计步骤 ······ 6
  二、餐饮企业组织设计内容 ······ 7

第二节 餐饮企业组织架构示例 ······ 9
  一、大型餐饮企业组织架构 ······ 9
  二、小型餐饮企业组织架构 ······ 10

第三章　工作分析与岗位职责

第一节　餐饮企业人力资源工作分析 ·· 12
　　一、工作分析内容 ··· 12
　　二、工作说明书编制内容 ·· 13
　　三、工作说明书编制步骤 ·· 15

第二节　关键岗位设置和职责 ·· 16
　　一、餐饮经理岗位职责 ·· 16
　　二、行政总厨岗位职责 ·· 17
　　三、餐饮经理助理岗位职责 ··· 17
　　四、中厨厨师长岗位职责 ·· 18
　　五、西厨厨师长岗位职责 ·· 18
　　六、中餐厅主管岗位职责 ·· 19
　　七、宴会厅主管岗位职责 ·· 19
　　八、西餐厅主管岗位职责 ·· 19
　　九、酒吧主管岗位职责 ·· 20
　　十、烧腊主管岗位职责 ·· 20
　　十一、点心主管岗位职责 ·· 21
　　十二、西厨主管岗位职责 ·· 21
　　十三、中厨炒锅主管岗位职责 ··· 21
　　十四、中厨砧板主管岗位职责 ··· 22
　　十五、中餐厅领班岗位职责 ··· 22
　　十六、宴会厅领班岗位职责 ··· 22
　　十七、西餐厅领班岗位职责 ··· 23
　　十八、中餐厅迎宾员岗位职责 ··· 23
　　十九、中餐厅服务员岗位职责 ··· 24

二十、宴会厅服务员岗位职责 ································ 24
二十一、西餐厅迎宾员岗位职责 ······························ 25
二十二、西餐厅酒水员岗位职责 ······························ 25
二十三、西餐厅服务员岗位职责 ······························ 26
二十四、中厨炒锅厨师岗位职责 ······························ 26
二十五、砧板厨师岗位职责 ································ 26
二十六、蒸锅厨师岗位职责 ································ 27
二十七、打荷厨师岗位职责 ································ 27
二十八、烧腊厨师岗位职责 ································ 27
二十九、凉菜厨师岗位职责 ································ 27
三十、点心厨师岗位职责 ·································· 28
三十一、西厨厨师岗位职责 ································ 28
三十二、外卖服务员岗位职责 ······························ 28
三十三、洗菜工岗位职责 ·································· 29
三十四、清洁工岗位职责 ·································· 29
三十五、洗碗工岗位职责 ·································· 29
三十六、仓库管理员岗位职责 ······························ 30

第四章　餐饮企业的招聘与培训

第一节　餐饮企业员工招聘录用 ································ 32
　　一、识别招聘需求 ······································ 32
　　二、招聘准备 ·· 33
　　三、选择招聘渠道和方法 ································ 33
　　四、餐饮企业网络招聘 ·································· 34
　　五、招聘宣传和接受报名 ································ 36

六、审查报名表 ·· 37
　　七、测试 ·· 37
　　八、接收新员工报到准备工作 ·· 39
　　九、新进员工报到资料 ·· 41
　　十、新进员工试用 ··· 42
　　十一、新进员工提前转正与辞退 ··· 42

第二节　餐饮企业员工培训 ·· 42
　　一、培训需求分析方法 ·· 42
　　　　【范本】餐饮企业年度培训需求调查问卷（管理者适用） ························ 43
　　　　【范本】餐饮企业部门经理培训需求调查面谈问卷 ································· 46
　　二、培训需求分析步骤 ·· 48
　　三、培训需求分析参与者 ·· 49
　　四、确定培训目标 ··· 50
　　五、员工培训计划内容 ·· 50
　　六、制定培训方案 ··· 51
　　　　【范本】开业前培训方案 ·· 51
　　　　【范本】餐饮部新员工培训方案 ··· 54
　　七、开发培训课程 ··· 57
　　八、选择培训师 ·· 58
　　九、安排培训时间 ··· 59
　　十、发出培训通知书 ·· 60
　　十一、选择与布置培训场所 ·· 62
　　十二、准备培训设备 ·· 63
　　十三、培训后期的管理 ·· 63
　　十四、整理培训记录及资料 ·· 64

第五章　餐饮企业考勤、异动与绩效

第一节　餐饮企业员工考勤管理·····················66
一、出勤时间与记录方法·····························66
二、缺勤管理·····································66
三、休假管理·····································67
四、加班管理·····································67
五、出差管理·····································68

第二节　餐饮企业员工异动管理·····················69
一、员工晋升·····································69
二、员工降职审核权限·······························71
三、员工辞退·····································71
四、员工辞职·····································72

第三节　餐饮企业员工绩效考评·····················73
一、绩效指标设置步骤·······························73
二、关键绩效指标设置·······························74
　　【范本】餐饮经理绩效考核指标量表················74
三、确定考核内容·································75
四、确定考核方式·································77
五、确定考核者···································79
六、确定考核时间周期·······························79
七、公布考核方案·································80
八、收集考核信息·································81
九、开展绩效沟通·································81
十、绩效反馈面谈·································81
十一、绩效考核结果·······························81

第六章　餐饮企业员工的薪酬与福利

第一节　餐饮企业员工薪酬管理 ·· 84
　　一、餐饮企业薪酬主要内容 ··· 84
　　二、餐饮企业薪酬设计方法 ··· 85
　　三、餐饮企业薪酬设计原则 ··· 86
　　四、餐饮企业薪酬预算 ·· 87
　　五、餐饮企业薪酬调整 ·· 90
　　六、餐饮企业薪酬改进 ·· 92
第二节　餐饮企业员工保险福利管理 ··· 93
　　一、国家对企业社保办理规定 ·· 93
　　二、办理社会保险登记 ·· 97
　　三、餐饮企业新增参保人员办理 ·· 98
　　四、办理社会保障卡 ··· 98
　　五、相关事项变更处理 ·· 99
　　六、餐饮企业员工福利管理 ··· 100

第七章　餐饮企业人力资源管理流程

第一节　流程绘制 ·· 103
　　一、绘制流程图基础 ·· 103
　　二、流程图常用符号 ·· 103
第二节　餐饮企业人力资源管理流程范本 ···································· 104
　　一、餐饮企业人力资源规划流程 ·· 104

二、餐饮企业员工招聘流程 …………………………………………… 105

三、餐饮企业员工试用流程 …………………………………………… 106

四、餐饮企业员工考勤管理流程 ……………………………………… 106

五、餐饮企业员工异动管理流程 ……………………………………… 107

六、餐饮企业员工降职管理流程 ……………………………………… 107

七、餐饮企业员工离职管理流程 ……………………………………… 108

八、餐饮企业员工辞职管理流程 ……………………………………… 108

九、餐饮企业培训实施流程 …………………………………………… 109

十、餐饮企业绩效指标设置流程 ……………………………………… 109

十一、餐饮企业考核方式确立流程 …………………………………… 110

十二、餐饮企业绩效考核实施流程 …………………………………… 110

十三、餐饮企业员工关系管理流程 …………………………………… 111

十四、餐饮企业劳动合同签订流程 …………………………………… 111

十五、餐饮企业劳动争议处理流程 …………………………………… 112

十六、餐饮企业薪酬设计流程 ………………………………………… 112

十七、餐饮企业薪酬控制流程 ………………………………………… 113

十八、餐饮企业员工福利管理流程 …………………………………… 113

第八章 餐饮企业人力资源管理制度

第一节 制度化管理 …………………………………………………… 115

一、制度化管理的好处 ………………………………………………… 115

二、管理制度的范围 …………………………………………………… 115

三、管理制度的内容 …………………………………………………… 115

四、管理制度设计考虑的因素 ………………………………………… 116

五、管理制度的有效执行 ……………………………………………… 116

第二节 餐饮企业人力资源管理制度范本 ·· 117
- 一、餐饮企业新进员工须知 ·· 117
- 二、餐饮企业绩效考评管理制度 ·· 119
- 三、餐饮企业员工关系管理办法 ·· 121
- 四、餐饮企业员工培训管理制度 ·· 123
- 五、餐饮企业员工申诉处理办法 ·· 125
- 六、餐饮企业首问责任制 ·· 126
- 七、餐饮企业员工通道管理规定 ·· 128
- 八、餐饮企业员工工牌管理规定 ·· 129
- 九、餐饮企业员工宿舍值班管理规定 ·· 129
- 十、餐饮企业宿舍卫生检查标准及奖惩规定 ·································· 130
- 十一、餐饮企业员工入职管理制度 ·· 131
- 十二、餐饮企业员工离职管理制度 ·· 132
- 十三、餐饮企业员工试用期转正规定 ·· 133
- 十四、餐饮企业员工假期管理规定 ·· 134
- 十五、餐饮企业员工考勤管理规定 ·· 135
- 十六、餐饮企业员工工资保密制度 ·· 136
- 十七、餐饮企业每月最佳员工评选规定 ······································ 137
- 十八、餐饮企业新员工入职培训管理制度 ···································· 138
- 十九、餐饮企业员工人事档案管理规定 ······································ 139
- 二十、餐饮企业实习生管理规定 ·· 140

第九章 餐饮企业人力资源管理表单

第一节 表格化管理 ·· 142
- 一、表格登记过程中常见问题 ·· 142

二、表格设计和编制要求 ·· 142
　　三、表格填写要求及注意事项 ·· 142
　　四、表格管理和控制要求 ·· 143

第二节　餐饮企业人力资源管理表单范本 ·································· 143
　　一、餐饮企业人力资源净需求评估表 ···································· 143
　　二、餐饮企业按类别分的人力资源净需求 ····························· 144
　　三、餐饮企业人力资源规划表 ·· 144
　　四、部门招聘需求表 ··· 145
　　五、招聘申请单 ··· 146
　　六、招聘会工作安排表 ·· 147
　　七、应聘人员登记表 ··· 148
　　八、面试人员测评表（初试、复试） ···································· 149
　　九、录用通知书 ··· 149
　　十、餐饮企业新进员工报到会签单 ······································ 150
　　十一、试用期安排表 ··· 150
　　十二、员工试用期满考核表 ··· 151
　　十三、员工试用期满通知书 ··· 152
　　十四、餐饮企业考勤表 ·· 152
　　十五、请假单 ·· 153
　　十六、加班申请表 ·· 153
　　十七、出差申请单 ·· 154
　　十八、差旅费报销清单 ·· 154
　　十九、员工调动申请表 ·· 155
　　二十、员工辞退通知书（一） ·· 156
　　二十一、员工辞退通知书（二） ··· 156
　　二十二、离职申请表 ··· 157
　　二十三、离职移交手续 ·· 158
　　二十四、人员变动登记表（辞退、辞职） ···························· 158

二十五、培训计划表 ·············· 159

二十六、员工培训反馈信息表 ·············· 159

二十七、在职员工受训意见调查表 ·············· 160

二十八、员工工作业绩评估表 ·············· 160

二十九、员工行为评估表（季度评估用表） ·············· 161

三十、员工绩效面谈记录表 ·············· 162

三十一、员工绩效评估申诉表 ·············· 163

三十二、员工绩效评估结果汇总表 ·············· 163

三十三、离职交接清单 ·············· 164

三十四、员工培训档案 ·············· 165

三十五、员工申诉表 ·············· 166

三十六、员工满意度调查表 ·············· 167

第一章
餐饮企业人力资源管理概述

☞ 第一节　餐饮企业人力资源管理系统
☞ 第二节　餐饮企业人力资源管理系统运作

第一节　餐饮企业人力资源管理系统

一、人力资源管理系统

1. 餐饮企业人力资源

餐饮企业人力资源是能够推动餐饮企业发展并与餐饮企业目标相一致的全体员工的综合，包括数量和质量两个方面。

2. 人力资源管理系统

根据餐饮企业经营目标合理组织劳动力，通过招聘、录用、培训、选拔、调整、考核、巡视督导、奖惩、工资福利、劳动保险、劳动争议处理等管理活动，谋求人与事的科学结合和人与人之间的紧密配合，最终达到提高员工整体素质，有效调整和改变员工队伍结构，充分调动员工的积极性、创造性，最大限度地提高员工工作效率的目的。

二、建立人力资源管理系统目标

1. 有效配置人力资源

（1）追求人与事的最佳组合。

（2）尽量把合适的人放到合适的岗位，从事合适的工作。如分配英语水平较好的员工专门负责餐饮企业外宾客人的接待。

2. 达到人力资源最佳组合

（1）构建一支餐饮企业专业化员工队伍。

（2）形成最佳员工组合，如在每一个班组中，既要具有创新意识、敢于打破常规，又要有维护坚持原则制度的员工，这样可以相互促进。

（3）对员工进行激励，发挥最佳的群体效应。

第二节　餐饮企业人力资源管理系统运作

一、人力资源管理系统与其他管理系统之间的关系

餐饮企业人力资源管理系统与其他管理系统之间的关系，具体如图1-1所示。

1. 与决策管理系统的关系

为决策管理系统提供餐饮企业人力资源管理方面的信息，使餐饮企业决策层能正确地制定餐饮企业的经营目标和长期发展规划。同时，人力资源管理系统根据决策管理系统确定的企业发展战略制定人力资源发展战略，执行各项管理决策。

2. 与市场营销管理系统的关系

为市场营销管理系统提供餐饮企业人力资源管理信息和配备人力资源，实施有效的绩效考核，实现营销人员合理配置。

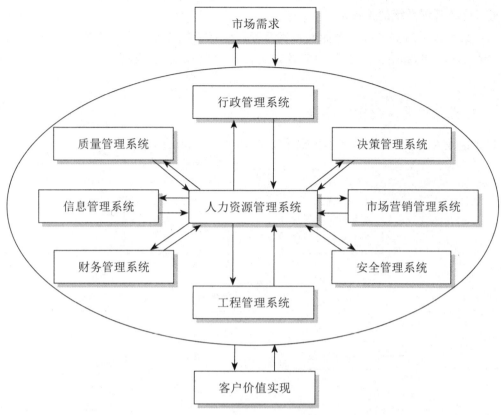

图1-1 餐饮企业人力资源管理系统与其他管理系统之间的关系

3. 与质量管理系统的关系

为质量管理系统提供人力资源管理方面的信息，通过绩效管理与奖惩，对员工的工作技能和文化素养实施训导，创造良好的工作氛围，调动员工的工作积极性和创造性；为餐饮企业进一步发展储备力量。

4. 与财务管理系统的关系

为财务管理系统提供人力资源管理信息和配备人力资源，确定劳动力费用计划，提供工资变动情况，监督、审核工资发放。

5. 与信息管理系统的关系

为信息管理系统提供人力资源管理信息和配备人力资源，并充分利用信息管理系统对人力资源进行管理。同时，信息管理系统中的"人力资源管理信息系统"需要人力资源管理系统中的相关子系统进行更新和维护。

6. 与工程管理系统的关系

为工程管理系统提供人力资源管理信息和配备人力资源，根据设施设备、能源管理情况实施绩效考核。

7. 与安全管理系统的关系

为安全管理系统提供人力资源管理信息和配备人力资源，使餐饮企业为客人提供一个安全、卫生、舒适的就餐和生活环境。

8. 与行政管理系统的关系

为行政管理系统提供餐饮企业人力资源管理信息；执行餐饮企业决议，反馈信息，使餐饮企业的政令畅通；监督各部门的各项工作，保证餐饮企业经营活动顺利进行并取得成功。

二、人力资源管理系统操作流程

餐饮企业人力资源管理系统操作流程，具体如图1-2所示。

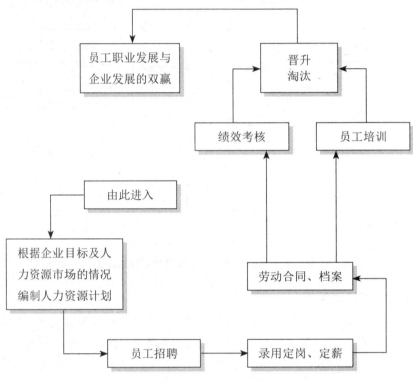

图1-2　餐饮企业人力资源管理系统操作流程

第二章
餐饮企业组织设计

☞ 第一节 餐饮企业人力资源组织设计
☞ 第二节 餐饮企业组织架构示例

第一节　餐饮企业人力资源组织设计

一、组织设计步骤

组织设计,包含了众多的工作内容。科学地进行组织设计,必须根据组织设计的内在规律有步骤地进行,才有可能取得良好的效果。如图2-1所示。

图2-1　组织设计步骤

1.确定基本方针和原则

进行组织设计,首先要设置餐饮企业的任务、目标,确定基本思路,规定设计的方针、原则和主要参数。

2.进行职能分析和职能设计

确定各项经营职能和管理职能,明确关键职能,确定具体的管理业务和工作,进行初步的管理流程设计,提高管理工作的效率。

3.设计组织结构的框架

明确承担管理职能的管理层次、部门、岗位及其权责,设计组织结构的框架。框架设计有两种方法。

(1)自下而上法。先确定具体岗位和职务,再组合成相应的管理部门,最后划分出管理层次。

(2)自上而下法。首先确定管理层次,再进一步确定部门,最后将工作分解成管理岗位和职务。

4.设计联系方式

确定上下管理层次之间、左右管理部门之间的协调方式和控制手段,使各个组成部分联结成一个整体,协调一致地实现整体功能。

5.设计管理规范

确定工作程序、工作标准和管理人员应采用的管理方法,使组织结构合法化和规范化,巩固和稳定组织结构。

6. 人员配备和训练管理

按规定的要求，从数量和质量两个方面来配备人员，并根据工作的要求，强化培训，以提高工作效率。

7. 设计制度

建立良好的运行制度体系来保证餐饮企业组织的正常运转。

8. 反馈和修正

在餐饮企业组织结构的运行过程中，新的情况会不断出现，这就要求定期或不定期地对原有组织设计作出修正，使之不断完善。

二、餐饮企业组织设计内容

1. 职能设计

职能设计就是对餐饮企业的管理进行总体设计，确定餐饮企业的各项经营管理职能及其结构，并层层分解为各个管理层次、管理部门、管理职务和岗位的业务。职能设计合理与否，关系到整个餐饮企业能否顺利有效地运转，是组织设计过程的基础性工作。

（1）职能设计内容。职能设计一般包括三项基本内容，具体见表2-1。

表2-1 职能设计内容

序号	类别	具体内容
1	职能分析	餐饮企业根据特定的环境和条件，从内容、性质、相互关系和分工等方面，具体地分析餐饮企业的整个管理系统和个别子系统的全部职能，就建立和健全餐饮企业职能结构提出具体方案的工作
2	职能整理	在调查了解餐饮企业现有的全部管理业务活动和分工的基础上，通过分析归纳，搞清其职能结构的现状，发现问题、明确改进方向、提出具体的改进方案
3	职能分解	将餐饮企业的每一个职能细分为可以操作的各项具体的管理业务活动，通过职能分解，餐饮企业的全部职能才能转换为具体的工作内容，最终得以落实

（2）职能设计步骤。餐饮企业的职能设计步骤，具体如图2-2所示。

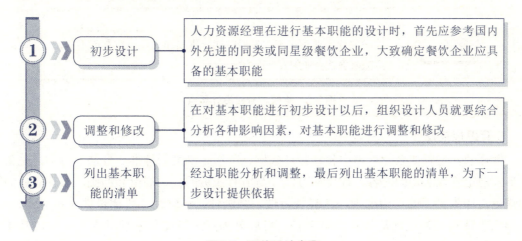

图2-2 职能设计步骤

2. 部门设计

部门设计就是确定餐饮企业部门的设置及其职权的配置。餐饮企业的部门设计一般都是根据餐饮企业规模来设置,但是最基本的部门是客房部、餐饮部和前厅部。

3. 协调方式设计

协调方式设计有三种基本方式,具体见表2-2。

表2-2 协调方式设计

序号	方式	具体内容
1	制度性方式	指不改变原有的组织结构,不增设机构和人员,只是改变、完善组织运行的规则与形式,如制定和完善管理工作标准化制度、例会制度、工序服从制度、跨部门直接沟通、联合办公和现场调度制度等
2	结构化方式	指通过改变原有的组织结构来强化横向协调,经常采用的方式有设置联络员、建立临时性的任务小组或委员会、建立永久性的任务小组或委员会、设立专职协调部门、建立职能部及事业部、设立矩阵结构
3	人际关系方式	指通过改善人际关系来强化横向协调,经常采用的方式主要有大办公室制、联谊组织、部门运营组织、领导接待制

4. 集权与分权设计

集权是指把较多的和较重要的经营管理权集中于高层组织;分权是指把较多的和较重要的经营管理权分散下放到中下层组织。虽然集权与分权相结合是适用于各种餐饮企业组织设计的普遍原则,但由于受餐饮企业内部和外部环境多种因素的影响,条件不同的餐饮企业,其集权与分权的程度是有区别的。

在进行集权与分权设计时,应注意如图2-3所示的要点。

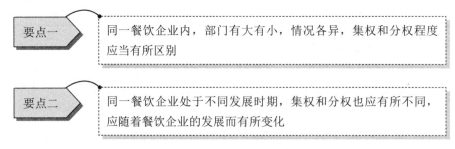

图2-3 集权与分权设计要点

5. 管理规范设计

管理规范是餐饮企业管理中各种管理条例、章程、制度、标准、办法的总称,是用文字形式规定管理活动的内容、程序和方法,是所有人员的行为规范和准则。餐饮企业的管理规范,作为员工的行为准则,具有规范性、强制性、科学性、可衡量性、相对稳定性、普遍性等特点。管理规范按其性质来看,可以分为管理制度和管理标准两大类,具体如图2-4所示。

图 2-4 管理规范分类

第二节 餐饮企业组织架构示例

一、大型餐饮企业组织架构

一般大型餐饮企业的组织架构如图 2-5 所示。

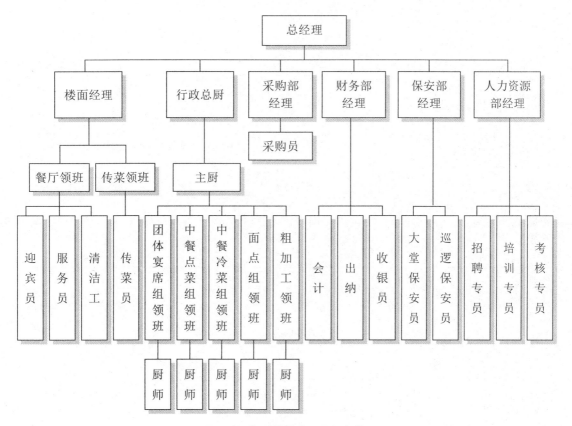

图 2-5 大型餐饮企业组织架构

二、小型餐饮企业组织架构

一般小型餐饮企业的组织架构如图2-6所示。

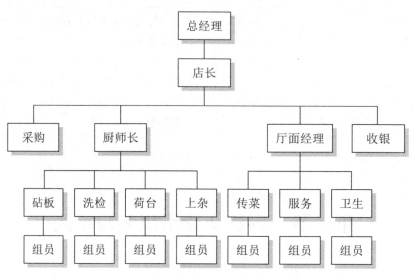

图2-6　小型餐饮企业组织架构

第三章
工作分析与岗位职责

☞ 第一节 餐饮企业人力资源工作分析
☞ 第二节 关键岗位设置和职责

第一节 餐饮企业人力资源工作分析

一、工作分析内容

1. 工作职责与任务分析

工作职责与任务分析，具体见表3-1。

表3-1 工作职责与任务分析

序号	类别	具体内容
1	完整性	从餐饮企业目标开始分析，将餐饮企业目标分解为各分支机构（部门）的工作任务后，再将各分支机构的任务分解为每一个员工需要完成的任务
2	合理性	根据餐饮企业的实际情况予以安排和设计，也可以根据需要灵活变动、调整
3	系统性	分析餐饮企业、部门中的各项工作任务是否具备各种与工作流程相关的系统性；职责与任务是否按权限分配、控制与完成

2. 工作投入分析

工作投入分析是指为了完成某一项工作所需要的投入。通过工作投入分析，可达到以下目的。

（1）形成岗位规范。可以得出岗位任职者应该具备的教育学历水平、专业知识背景、以往工作经验、所需工作能力、所需道德品质等各方面的素质，形成岗位规范。通过制定岗位规范，在餐饮企业招聘新员工时，就能有效地对应聘者的资格进行筛选，减少招聘成本。

（2）形成任职资格。可以由岗位需要完成的工作任务确定完成各项任务所应该具备的知识和技能、工作能力、身体素质、品性要求等，从而形成岗位的任职资格。如图3-1所示。

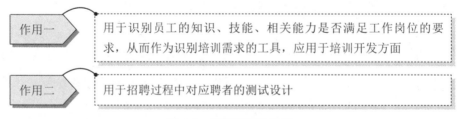

图3-1 任职资格的作用

3. 工作产出分析

产出就是餐饮企业的产品，这种产品可能是有形的物体，如餐饮的菜肴，也可能是无形的服务，如叫醒服务。工作产出的分析对单位的绩效评估是极为重要的。因为如果不能识别某一单位的产品及衡量标准（数量、质量、时间、成本等），基本上就不能对单位时间内该单位的投入产出比进行衡量。

4. 工作权限分析

根据工作所需完成的任务,对工作任职者的权限进行分析。根据责权统一的原则,核查任职者是否具备完成工作任务所需的权限。

5. 工作关系分析

通过工作关系的分析,可以了解工作岗位在餐饮企业工作中的位置或在工作流程中所承担的作用。同时,通过工作关系的分析,也能辨认本工作岗位所面对的"内部客户"。在进行绩效评估时可用于确定工作岗位的特定产出,以及在绩效评估方式中选用合适的相关岗位来对特定的工作岗位进行绩效评定。

6. 工作环境条件分析

工作环境条件分析包括工作环境分析和危险性分析,它是指完成工作任务时的特定环境及危险性。工作环境及存在的危险性是不能由工作人员决定的,环境的好坏对工作人员的身心健康、完成工作任务所需的生理条件有一定的要求。环境中危险因素包括在正常情况下,履行工作任务所处的环境条件中可能产生给任职者带来身心损害的危险和后果。

工作环境和危险性在岗位评价中作为补偿性因素,可以相应增加岗位的补偿价值。

法务小助手

在招聘工作中,如果工作岗位存在一定的潜在危险或可能造成身心伤害导致职业病,需要在面试过程中向应聘者说明。

二、工作说明书编制内容

工作说明书是对工作有关信息的陈述性文件。通常而言,工作说明书包括工作标志、工作概要、职责与任务、工作联系、绩效标准、工作条件、工作规范等内容。

1. 工作标志

(1) 通常工作标志可能包含许多信息,具体见表3-2。

表3-2 工作标志包含信息

序号	信息类别	作用	示例
1	工作名称	表明工作岗位在所属单位的名称,通过给岗位确定简明的工作名称,易于让初次接触此工作岗位的人能大概明了该工作岗位的工作内容	如"前厅收银员"表明该岗位是在从事前厅收银工作
2	所属部门	表明岗位所属的职位部门	如餐饮部、客房部等
3	岗位得分、岗位级别	薪酬管理中工资等级的标志	如岗位级别是属于基层岗位或者是部门经理岗位
4	文件编号、版本、页号	方便查阅一份工作说明书在一个组织系统中的位置	如是第三版,则说明已经是第三次修改

续表

序号	信息类别	作用	示例
5	拟制、审核、分析日期	表明工作说明书是何时、由谁初步拟订的,可以确定由工作分析到信息回顾的时间,以便于在查阅工作说明书时清楚地知道工作说明书是何时制定的、是否过时、是否需要另行修订等	

（2）工作标志的确定与组织环境有关。在不同的组织范围内,同一工作标志下的工作任务种类和要求可能有较大的差别。如一家餐饮企业的人力资源部"行政助理"可能仅仅是总经理的秘书,而另一家餐饮企业人力资源部"行政助理"可能是实际处理行政工作的人,甚至有些餐饮企业的"行政助理"可能只是一般的行政人员,只是为了方便其开展工作而提供的一个职位名称而已。

2. 工作概要

工作概要是对工作总体职责、性质的简单描述,因而可只用简单的语句勾画出工作的主要职责,不必细分工作职责的任务和活动。

（1）在进行部门工作核查、分配任务时,这种简要描述非常有用。

（2）通过对工作概要的描述,新上岗的员工能对岗位主要职责有清楚的了解。

（3）在招聘过程中能用此信息向应聘者展示工作的概况,而且在发布的招聘信息中,一般仅给出所招聘岗位的主要职责。

3. 工作职责与任务

工作职责与任务部分列明了任职者所从事的工作和在组织中承担的职责、所需要完成的活动或工作内容,在必要的情况下可以列明某些活动的要求。在对职责和任务进行描述时,需要注意的事项,具体见表3-3。

表3-3 职责和任务描述注意事项

序号	注意事项	具体内容
1	以动词开头	比如"前厅收银",在动词前面,可以认为隐含了"本项工作负责"一词,需要时,也可以"负责"开始
2	在动词后使用简明的短语,说明动词处理的对象	如"保管公司印章",在描述中,尽量避免使用形容词,如"最好的"等,因为如果在工作说明书中使用形容词,几乎每一项任务都可以用形容词堆砌而成,从而可能使需要承担的工作处于不重要的地位
3	职责和任务项目的排序	按工作岗位的职能任务完成顺序或职责、任务的重要性进行排序,或按职责、任务的时间顺序排列,确保工作描述更为系统化
4	选用专业化词汇表达	比如工作种类、复杂程度、技能要求程度、任职者对工作和各方面所负的责任大小,通常情况下,较低职位的工作任务较为简单,易于确定其工作任务及工作的操作流程的细节;变化不大而相对高级的职位则包含更多的不确定性,只能确定工作的大概范围或框架

4. 工作关系

工作关系表明该岗位的任职者与组织内外岗位因工作关系所发生的联系。工作联系的信息一方面描述任职者必须面对的各种关系；另一方面列举工作联系频繁的程度、接触的目的和重要性。如在餐饮企业内外必须接触的人或组织，包括用何种方式沟通（如电话、个人接触、电子邮件）。

5. 工作绩效标准

根据工作职责、任务和内容的要求，在工作说明书中还可列明对每项职责、任务的绩效要求。

在餐饮企业中，销售类岗位可能较容易确定产出的标准，对于其他各类岗位，可能不易直接得出工作的绩效标准。如在文员工作中，"负责文件的打印、排版工作"的绩效标准不容易确定，需要结合实际情况，按任职者的操作标准来衡量。

对工作说明书中各项职责、任务的绩效界定能形成具体工作岗位的业绩标准，基于工作岗位职责的客观性，具体业绩考核体系比基于对任职者工作态度的主观、抽象评估体系更为有效。

6. 工作环境

工作说明书中可能还包括岗位所在的工作环境条件，如室内还是室外，工作环境中是否存在危险和对任职者身体健康有害的因素，如风险、高湿、高温、粉尘、噪声、施工现场的危险因素等。当然，餐饮企业的工作环境主要是以室内为主，并且没有相对较危险的工作环境。

7. 岗位规范

一般情况下，岗位规范作为工作分析的结果，与工作说明书放在一起，用于招聘、选拔和培训等人力资源管理活动。

（1）岗位规范是对工作说明书的补充，它需要说明为完成工作说明书中所列明的工作任务，任职者应该具备何种知识、技能、能力、工作经验、身体条件、心理素质。

（2）在制定岗位规范时，可以针对工作说明书中的每一项职责，问"为了完成这项工作，需要任职者具备哪些知识、技能、能力，需要具备何种工作经验或何种国家、国际认可的资格证书，需要具备何种身体条件、心理素质"，通过对每一项工作职责、任务的回答进行综合、整理，可以得出岗位规范的总体内容。

三、工作说明书编制步骤

工作说明书是对工作进行分析而形成的书面资料，它的形成步骤，具体见表3-4。

表3-4　工作说明书编制步骤

序号	步骤	具体操作
1	获取工作信息	（1）分析餐饮企业现有资料，浏览餐饮企业已有的各种管理制度文件，并和餐饮企业主要管理人员进行交谈；对餐饮企业中收银、接待、客房服务员、清洁工等职位的主要任务、主要职责及工作流程有大致了解

续表

序号	步骤	具体操作
1	获取工作信息	（2）实施工作调查，充分合理地运用工作分析方法，如观察法、面谈法、关键事件法、工作日志法等，开展工作分析，尽可能地全面获得该工作的详细信息，这些信息包括工作性质、难易程度、责任轻重、所需资格等方面
2	综合处理工作信息	（1）对根据文件查阅、现场观察、访谈及关键事件分析得到的信息，进行分类整理，得到每一职位所需要的各种信息 （2）针对某一职位，根据工作分析所要收集的信息要求，逐条列出这一工作的相关内容，即为初步的工作说明书 （3）工作分析者在遇到问题时，还需随时与餐饮企业的管理人员和某一职位的工作人员进行沟通
3	撰写工作说明书	（1）召集整个工作分析中所涉及的人员，并给每位人员分发一份说明书初稿，讨论根据以上步骤所制定的工作说明书是否完整、准确，讨论要求仔细、认真，甚至每个词语都要认真斟酌 （2）根据讨论结果，最后确定出一份详细的、准确的工作说明书 （3）最终形成的工作说明书应清晰、具体、简短扼要

第二节　关键岗位设置和职责

一、餐饮经理岗位职责

餐饮部经理的岗位职责见表3-5。

表3-5　餐饮部经理岗位职责

岗位名称	餐饮部经理
岗位职责	（1）负责制定餐饮部的营销计划和长短期经营预算，带领全体员工积极完成经营指标 （2）主持建立和完善餐饮部的各项规章制度及服务程序与标准，并督导实施 （3）定期深入各部门听取汇报并检查工作情况，控制餐饮部各项收支，制定餐饮价格，监督采购和盘点工作，进行有效的成本控制 （4）检查管理人员的工作情况和餐厅服务规范及各项规章制度的执行情况，发现问题及时采取措施 （5）定期同餐饮部经理助理和行政总厨研究新菜点、推出新菜单，并有针对性地开展各项促销活动 （6）负责下属部门负责人的任用，并对其进行日常督导和绩效评估 （7）组织和实施餐饮部员工的服务技术和烹饪技术培训工作，提高员工素质，为酒店树立良好的形象和声誉 （8）建立良好的客户关系，主动征求客人对餐饮的意见和建议，积极认真地处理客人的投诉，保证最大限度地满足客人的餐饮需求，不断提高餐饮服务质量 （9）重视安全和饮食卫生工作，认真贯彻实施《食品安全法》，开展经常性的安全保卫和防火教育，确保客人安全和餐厅、厨房及库房的安全

续表

岗位名称	餐饮部经理
岗位职责	（10）做好餐饮部与其他各部门之间的沟通、协调和配合工作 （11）参加每日总经理工作例会，主持每日餐饮部例会，保证酒店的各项工作指令得到有效的执行 （12）完成总经理交办的其他工作

二、行政总厨岗位职责

行政总厨的岗位职责见表3-6。

表3-6　行政总厨岗位职责

岗位名称	行政总厨
岗位职责	（1）协助餐饮部经理制定厨房的生产计划与成本预算 （2）主持制定厨房的各种规章制度与操作规范，不断完善厨房的管理秩序 （3）负责菜品质量的抽查和控制工作，督导员工严格按照规范操作，发现问题及时提出改进措施 （4）协助餐厅领导做好重要接待活动的组织和落实工作 （5）负责做好厨房系统的食品卫生、清洁卫生以及消防安全工作，并定期检查和考核 （6）主动咨询、了解客人对菜品的质量和供应方面的意见，并反映给厨师长协调解决 （7）根据各厨房食材的使用情况及存货数量制订食材采购计划，严格控制进货质量 （8）签发食物申购单、领料单及其他单据或文件 （9）督促各厨师长对厨房设备、用具进行科学管理 （10）加强对各厨房原料采购、验收、储存的管理和控制工作，以降低成本、减少浪费 （11）改进生产工艺，控制生产成本 （12）合理安排厨房班次，拟订培训计划，对厨师长开展业务培训

三、餐饮经理助理岗位职责

餐饮经理助理的岗位职责见表3-7所示。

表3-7　餐饮经理助理岗位职责

岗位名称	餐饮经理助理
岗位职责	（1）协助部门经理做好各项工作，并定期向经理汇报工作进展情况 （2）负责餐饮部员工的岗位业务培训工作，确定培训内容及时间，提高全员业务水平 （3）负责督促餐厅及厨房员工严格遵守纪律，倡导民主管理气氛，有效提高管理效能 （4）检查低值易耗品及瓷器等各类用具的破损丢失情况，并努力将各项易耗品费用降到最低 （5）督促厨师长做好食品卫生和成本核算等工作，定期研究新菜加以推广，提高食品的出成率及边角料的利用率

续表

岗位名称	餐饮经理助理
岗位职责	（6）建立良好的客户关系，处理各类客户投诉 （7）参加部门例会，提出合理化建议，汇报餐厅经营情况 （8）在部门经理离店期间或休息时代行部门经理职责

四、中厨厨师长岗位职责

中厨厨师长的岗位职责见表3-8。

表3-8　中厨厨师长岗位职责

岗位名称	中厨厨师长
岗位职责	（1）全面负责中式厨房的生产和组织工作，每天上班查阅报表，掌握分析上一日接待人次，确定原料需要量，签发当日的领货单 （2）检查各部生产情况，落实生产任务，发现问题及时纠正 （3）按时参加例会，汇报工作情况，听取上级命令并积极贯彻落实 （4）正式开餐前督促各部主管做好食品材料的准备工作，检查食品的出成率，保证食品的质量 （5）与餐厅、采购、库房、餐饮办公室及财务成本核算员保持联系，保证厨房生产的协调开展 （6）开餐结束后检查各部原料消耗情况和剩余数量及保管措施，检查炊具、厨具的清理工作 （7）每日下班前进行工作总结，了解餐厅的销售情况，做好次日工作安排

五、西厨厨师长岗位职责

西厨厨师长的岗位职责见表3-9。

表3-9　西厨厨师长岗位职责

岗位名称	西厨厨师长
岗位职责	（1）直接向餐饮部经理报告，对西式厨房的成本、卫生、菜品质量等进行控制，维持整个西厨的良好运转 （2）保证西式厨房的工作正常开展 （3）检查厨师的仪容仪表及个人卫生 （4）经常培训指导员工 （5）确保所有采购食品的质量 （6）制定各餐厅的菜单、自助单及特殊菜单 （7）监督检查食品成本控制情况 （8）检查厨房各种设施用具的使用、保养和维修情况 （9）监督并检查厨房的卫生状况 （10）经常召开厨房会议，研究、解决存在的问题

六、中餐厅主管岗位职责

中餐厅主管的岗位职责见表3-10。

表3-10　中餐厅主管岗位职责

岗位名称	中餐厅主管
岗位职责	（1）了解每日客情，根据客情编排员工班次 （2）参与制定中餐宴会服务标准及工作程序并组织实施 （3）做好与相关部门的协调工作，处理各种突发事件 （4）与厨师长保持良好的合作关系，及时将客人对菜品的建议和意见反馈给厨师长，为厨师长研究制定菜单提供参考 （5）在开餐期间负责整个餐厅的督导、巡查工作，迎送重要客人，认真处理客人的投诉，并将客人的投诉意见及时向上级报告 （6）根据员工的工作表现对其进行评估和奖惩，制订员工培训计划并予以落实 （7）出席餐饮部召开的会议，主持中餐厅内部会议 （8）督导员工遵守酒店的各项规章制度 （9）督促下属做好餐厅的清洁保养工作 （10）签署餐厅各种用品的领用单、设备维修单、损耗报告单等，保证餐厅各项工作的正常运行 （11）建立物资管理制度，做好餐厅各种物品的使用和维修保养工作 （12）督导员工正确使用餐厅的各项设备和用品，控制餐具损耗 （13）完成餐饮部经理交办的其他工作

七、宴会厅主管岗位职责

宴会厅主管的岗位职责见表3-11。

表3-11　宴会厅主管岗位职责

岗位名称	宴会厅主管
岗位职责	（1）协助餐饮部经理制定各项规章制度并组织实施 （2）安排领班和服务员的班次，督导领班的日常工作 （3）参与宴会厅的人事安排及人员评估工作，按制度实施奖惩 （4）协助做好本部门员工的培训工作 （5）适时将宴会厅的经营状况及特殊事件向本部门经理汇报 （6）了解每次宴会、会议活动的内容，检查准备工作情况，熟知宴会协调单

八、西餐厅主管岗位职责

西餐厅主管的岗位职责见表3-12。

表3-12　西餐厅主管岗位职责

岗位名称	西餐厅主管
岗位职责	（1）协助经理制定西餐厅的工作标准和服务程序，并组织实施 （2）根据餐厅营业时间做好员工的工作班次安排，保证餐厅对客服务的正常运转

续表

岗位名称	西餐厅主管
岗位职责	（3）协助经理制订员工培训计划，并定期组织员工培训，不断提高员工的服务水平 （4）负责对餐厅领班和员工进行考核和评估 （5）制定餐厅的物资管理制度，协助经理做好成本控制工作 （6）了解客情，并组织做好接待工作，同时与宾客建立良好关系 （7）督促检查下属做好卫生和安全工作，确保达到酒店的规定标准 （8）参加重要客人的接待，主动征求客人意见，及时向上级汇报 （9）妥善处理餐厅的突发事件及客人投诉，并与厨房做好协调工作 （10）参加餐饮部的例会，做好上传下达工作，听取并组织落实酒店及部门所下达的任务 （11）审核餐厅的营业收入报表，协助收款员做好结账控制工作，杜绝发生舞弊行为 （12）完成上级布置的其他工作

九、酒吧主管岗位职责

酒吧主管的岗位职责见表3-13。

表3-13 酒吧主管岗位职责

岗位名称	酒吧主管
岗位职责	（1）负责处理解决营业中出现的问题，并及时上报 （2）做好上传下达工作，督导领班的日常工作 （3）认真做好各吧台营业情况的记录和分析工作 （4）做好宴会的酒水服务工作 （5）检查各吧台酒水服务情况 （6）熟悉本部门相关岗位工作内容及知识 （7）认真完成上级交办的其他任务

十、烧腊主管岗位职责

烧腊主管的岗位职责见表3-14。

表3-14 烧腊主管岗位职责

岗位名称	烧腊主管
岗位职责	（1）向厨师长汇报每日工作情况，传达上级各项指令，带领下属开展安全生产 （2）严格监督菜品的烹制过程，合理用料，控制原料成本，保证食品的质量 （3）检查工作及卫生情况，了解用餐人次，督促下属做好餐前原料的准备工作 （4）检查开餐结束后原料消耗情况，及时申购补充，确保满足下餐的销售需要 （5）组织下属参加培训，总结各类食品的制作经验，共同研究创新菜品

十一、点心主管岗位职责

点心主管的岗位职责见表3-15。

表3-15　点心主管岗位职责

岗位名称	点心主管
岗位职责	（1）全面管理点心部，向厨师长汇报每日的工作情况，认真落实上级的各项指令 （2）检查原料质量和环境卫生，督促下属做好餐前准备工作，严格监督各类糕点的烹制过程，控制成本并保证出品质量 （3）检查开餐后的原料消耗情况，及时申购补充，确保满足下餐的销售需要 （4）组织下属参加培训，总结各类糕点的制作经验，共同研究创新品种

十二、西厨主管岗位职责

西厨主管的岗位职责见表3-16。

表3-16　西厨主管岗位职责

岗位名称	西厨主管
岗位职责	（1）负责本部门每天的工作安排，需要时安排加班 （2）督导各位员工做好每天的食品制作工作，控制食品质量，对员工工作进行指导 （3）积极配合厨师长完成各项任务 （4）搞好班组成员的互助协调工作，与其他部门保持密切联系 （5）严格控制食品成本，负责每天所需餐料的领用工作并做好每日的盘存工作 （6）认真学习有关食品的制作方法，严格控制厨房食品质量 （7）确保不使用肮脏或破损的厨房用具、瓷器和玻璃器皿，并指导员工按规程操作 （8）禁止使用不清洁、受污染、过期或变质、变味、串味的食品，禁止患病员工加工或取送食品 （9）管理好厨房设备，如有损坏应及时报修 （10）妥善保存所有出品单，并将出品单交由厨师长检查

十三、中厨炒锅主管岗位职责

中厨炒锅主管的岗位职责见表3-17。

表3-17　中厨炒锅主管岗位职责

岗位名称	中厨炒锅主管
岗位职责	（1）严格监督热菜成品的烹制过程，保证食品的安全质量 （2）传达上级分配的各项指令，组织下属认真落实 （3）检查各种调味料、器皿的配置情况和环境卫生工作，督促下属做好开餐前的准备工作 （4）组织下属参加培训、考核，总结菜肴烹调经验，共同研究创新品种

十四、中厨砧板主管岗位职责

中厨砧板主管的岗位职责见表3-18。

表3-18　中厨砧板主管岗位职责

岗位名称	中厨砧板主管
岗位职责	（1）验收进货原料，严格把关，确保原料质量符合相关标准 （2）严格监督菜品制作过程，控制成本，保证菜品质量 （3）督促下属做好开餐前的准备工作，了解就餐人数，明确本部门生产任务，组织下属进行安全生产 （4）每日开餐结束后检查库存原料和厨房原料消耗情况，及时申购补充，确保满足下餐的销售需要，检查本部区域的环境卫生和个人卫生 （5）配合采购部定期进行市场调查，掌握各种原料的成本价格 （6）每日下班前了解当日销售情况和预测次日用餐人数，制订次日的生产计划

十五、中餐厅领班岗位职责

中餐厅领班的岗位职责见表3-19。

表3-19　中餐厅领班岗位职责

岗位名称	中餐厅领班
岗位职责	（1）直接对中餐厅主管负责，督导员工严格履行岗位职责，按时按质完成上级下达的任务 （2）协助召开每日餐前会，负责员工考勤工作，检查员工的仪容仪表及个人卫生 （3）根据营业情况为本班组服务员分配工作任务，检查本班组的对客服务工作，保证向客人提供优质服务 （4）了解当日厨房特荐及供应情况，开餐时负责与厨房进行协调，保证按时出菜 （5）随时注意餐厅动态，进行现场指挥，遇有重要客人要亲自服务，以确保服务的高水准 （6）填写餐厅的"意见反馈表"和"交接班记录"，做好各领班间的沟通工作 （7）督促服务员做好餐厅安全和清洁卫生工作，保证达到酒店的规定标准 （8）协助餐厅主管做好对服务员的考核评估及业务培训工作，以不断提高服务员的服务水平 （9）妥善处理餐厅服务工作中发生的问题和客人的投诉，并将处理结果及时向餐厅主管汇报 （10）与厨房保持良好的工作关系，及时向餐厅主管和厨师长反馈客人对食品、服务方面的建议和意见，不断提高餐饮产品质量和服务质量 （11）定期检查和清点餐厅设备、餐具、布草等物品，并将结果及时向主管汇报 （12）完成餐厅主管交办的其他任务

十六、宴会厅领班岗位职责

宴会厅领班的岗位职责见表3-20。

表3-20 宴会厅领班岗位职责

岗位名称	宴会厅领班
岗位职责	（1）检查服务员的仪表仪容及出勤情况 （2）督导本班组员工为客人提供优质、高效服务 （3）了解当日宴会、会议活动安排情况，并向本班人员传达任务 （4）带领本班员工完成各项餐前准备工作，如摆台、准备用具等 （5）关注本区域客人用餐情况，及时解决出现的问题 （6）负责本区域内设备的维修、保养和清洁工作 （7）做好交接班及收尾工作 （8）向上司提出合理化建议，组织实施本班员工的培训工作 （9）遇到问题及时向主管或经理反映，积极寻求解决方法

十七、西餐厅领班岗位职责

西餐厅领班的岗位职责见表3-21。

表3-21 西餐厅领班岗位职责

岗位名称	西餐厅领班
岗位职责	（1）协助餐厅主管实施餐厅工作标准和服务程序，督导下属员工严格履行其岗位职责 （2）根据营业情况为本班组员工分配工作任务，并检查本班组的对客服务工作，确保向客人提供优质服务 （3）主动征求客人意见，及时处理客人投诉 （4）参加重要客人的接待工作 （5）带领员工做好餐厅的卫生和安全工作 （6）检查餐厅各项设施的使用状况，确保其正常运转 （7）协助主管做好开源节流工作 （8）督促员工按时、按量、按质完成上级分配的各项工作任务 （9）了解当日的预订情况，检查开餐前的准备工作和收餐后的复原工作 （10）定期清点餐厅服务用具及用品，及时补充所缺物品 （11）完成上级交办的其他工作

十八、中餐厅迎宾员岗位职责

中餐厅迎宾员的岗位职责见表3-22。

表3-22 中餐厅迎宾员岗位职责

岗位名称	中餐厅迎宾员
岗位职责	（1）服从餐厅领班的安排，严格遵守酒店及部门的各项规章制度，按时、按质完成上级交办的各项任务 （2）每日准时参加班前会并听取领班布置任务，了解当日预订情况，并做好准备工作 （3）餐前检查照明设备、空调、背景音乐的运行状况，发现问题及时报修

续表

岗位名称	中餐厅迎宾员
岗位职责	（4）营业时间热情主动地迎送客人，引领客人到预订台位或客人满意的台位 （5）营业高峰期做好客人的疏散工作，与餐厅服务员密切合作，尽快让客人用餐 （6）了解客人的饮食习惯及爱好，熟记常客与贵宾的姓名、职务，争取客人的再次光临 （7）解答客人提出的有关饮食、酒店设施方面的问题，收集客人的意见及投诉，并及时向领班汇报 （8）做好就餐人数、营业收入的统计工作和交接班工作 （9）参加餐前准备工作和餐后收尾工作，并做好本岗位的清洁卫生工作 （10）完成领班布置的其他工作

十九、中餐厅服务员岗位职责

中餐厅服务员的岗位职责见表3-23。

表3-23 中餐厅服务员岗位职责

岗位名称	中餐厅服务员
岗位职责	（1）服从餐厅领班的安排，严格遵守酒店及部门的各项规章制度，按时、按质完成上级交办的任务 （2）每日准时到岗参加班前会，听取领班布置的任务 （3）负责开餐前的准备工作，按照规定要求，布置餐厅和餐桌，及时补充各种物品 （4）了解当日厨房特荐菜品及菜品供应情况，做好菜肴、酒水的推销工作 （5）主动征询客人对菜肴和服务的意见，及时解决客人提出的问题，并将客人投诉上报领班 （6）开餐过程中严格按照中餐服务程序及标准向客人提供高质量的服务 （7）了解客人的各种爱好，满足客人的不同需求，同客人建立良好的关系 （8）负责餐厅环境、家具、台面、地面的清洁卫生和安全防火工作 （9）积极参加餐厅和餐饮部组织的各种培训活动，不断提高服务水平 （10）开餐结束后做好收尾工作，和下一班次做好交接工作 （11）完成上级交办的其他工作

二十、宴会厅服务员岗位职责

宴会厅服务员的岗位职责见表3-24。

表3-24 宴会厅服务员岗位职责

岗位名称	宴会厅服务员
岗位职责	（1）服从上级工作安排，按工作程序与标准做好会议或宴会的准备工作 （2）按服务程序与标准向客人提供良好的服务 （3）关注病残和幼小客人，并为其提供特殊服务

续表

岗位名称	宴会厅服务员
岗位职责	(4) 尽量帮助客人解决疑难问题，如不能解决应及时向上司汇报，以寻求解决办法 (5) 当班结束后与下一班次做好交接工作，宴会结束后做好收尾工作 (6) 完成上级交办的其他工作

二十一、西餐厅迎宾员岗位职责

西餐厅迎宾员的岗位职责见表3-25。

表3-25　西餐厅迎宾员岗位职责

岗位名称	西餐厅迎宾员
岗位职责	(1) 着装整洁、彬彬有礼，参加班组例会，服从上级指挥 (2) 掌握客情，接受客人的电话预订和当面预订 (3) 做好餐前准备工作和餐后收尾工作，并做好本岗位的卫生清洁工作 (4) 热情主动地迎送客人，按照服务程序安排用餐客人就座 (5) 熟悉菜单和酒水知识，掌握相应的服务技能 (6) 了解酒店内的相关知识，解答客人提出的问题 (7) 参加酒店和部门组织的各项培训活动 (8) 协助餐厅做好促销工作 (9) 自觉遵守酒店及部门的各项规章制度 (10) 完成上级交办的其他工作

二十二、西餐厅酒水员岗位职责

西餐厅酒水员的岗位职责见表3-26。

表3-26　西餐厅酒水员岗位职责

岗位名称	西餐厅酒水员
岗位职责	(1) 依照餐厅制定的标准程序和方法向客人提供优质的酒水服务 (2) 负责吧台酒水的申领、补充和日常保管工作 (3) 负责吧台酒水的日常盘点和月度盘点工作，并填写销售盘点表 (4) 按正确的配方调制酒水，确保酒水的质量符合标准 (5) 做好吧台设备、用品的保养工作，确保其正常运转 (6) 负责开餐前的开吧工作和结束后的收吧工作 (7) 保持吧台的整洁和酒吧用具的卫生 (8) 参加酒店及部门的各项培训活动 (9) 自觉遵守酒店及部门的各项规章制度 (10) 完成上级交办的其他工作

二十三、西餐厅服务员岗位职责

西餐厅服务员的岗位职责见表3-27。

表3-27　西餐厅服务员岗位职责

岗位名称	西餐厅服务员
岗位职责	（1）负责开餐前的准备工作和餐后的收尾工作 （2）依照餐厅制定的工作标准和服务程序向客人提供优质的服务 （3）与客人保持良好的关系，及时向上级反馈客人意见 （4）负责餐厅服务用具和用品的补充工作 （5）处理服务中的突发事件，保持餐厅良好的用餐秩序 （6）爱护餐厅财产，做好各种服务设备的保养工作 （7）做好本餐厅的安全和卫生清洁工作 （8）熟练掌握餐厅的菜品、酒水等知识，并积极向客人推销 （9）参加酒店及部门组织的各项培训活动 （10）自觉遵守酒店及部门的各项规章制度 （11）完成上级交办的其他工作

二十四、中厨炒锅厨师岗位职责

中厨炒锅厨师的岗位职责见表3-28。

表3-28　中厨炒锅厨师岗位职责

岗位名称	中厨炒锅厨师
岗位职责	（1）主要负责热菜成品的烹制工作，保证菜肴的质量 （2）承担各种汤料、酱汁的熬制工作，实行统一化、标准化、规范化操作 （3）检查各种调味、酱汁、汤料及器皿，督促打荷厨师做好开餐前的准备工作 （4）与打荷厨师研究菜品的烹调制作及其装盘摆饰，互相了解、加强沟通，确保在工作中能密切配合

二十五、砧板厨师岗位职责

砧板厨师的岗位职责见表3-29。

表3-29　砧板厨师岗位职责

岗位名称	砧板厨师
岗位职责	（1）根据不同菜肴的要求进行切配，确保合理用料，严格控制成本 （2）负责各类原料的切配、腌制以及水产品的宰杀加工 （3）保持冰柜的清洁卫生，做好砧板和各类刀具的消毒工作 （4）做好每日开餐前的准备工作，根据用餐人数准备充足的食品原料，保证菜品的质量

二十六、蒸锅厨师岗位职责

蒸锅厨师的岗位职责见表3-30。

表3-30　蒸锅厨师岗位职责

岗位名称	蒸锅厨师
岗位职责	（1）主要负责蒸菜成品的烹制工作 （2）负责鲍鱼、鱼翅、海参、燕窝等干货的发制工作 （3）熬制厨房所用的各种汤汁、老火汤和炖品 （4）保持蒸箱、冰柜的清洁和所管辖区域的环境卫生

二十七、打荷厨师岗位职责

打荷厨师的岗位职责见表3-31。

表3-31　打荷厨师岗位职责

岗位名称	打荷厨师
岗位职责	（1）主要负责菜肴在正式烹制前的初步加工及准备工作 （2）全力配合炒锅厨师，根据各种食品的加工要求做好相应的准备工作 （3）妥善保管烹制菜肴的各种酱汁和汤汁 （4）做好每日开餐前的准备工作，检查各种酱料、调味品及器皿的准备情况 （5）负责领取厨房所需的各类调味品，保持各种用具、餐具、工具的清洁和所管辖区的环境卫生

二十八、烧腊厨师岗位职责

烧腊厨师的岗位职责见表3-32。

表3-32　烧腊厨师岗位职责

岗位名称	烧腊厨师
岗位职责	（1）主要负责烧烤、卤菜的成品生产工作，同时也承担卤水和各类酱汁的熬制工作 （2）根据用餐人次做好餐前食品原料和器皿的准备工作，严格遵守操作规程，控制原料使用，保证菜品质量 （3）负责各类肉禽原料的腌制和初加工工作 （4）做好砧板、刀具等用具的消毒以及冰柜、烤炉和明档区域的清洁卫生工作

二十九、凉菜厨师岗位职责

凉菜厨师的岗位职责见表3-33。

表3-33　凉菜厨师岗位职责

岗位名称	凉菜厨师
岗位职责	（1）负责各类冷荤的烹调制作工作，严格根据卫生标准操作，保证食品的质量 （2）妥善保管各种冷荤原材料，合理用料，降低成本

续表

岗位名称	凉菜厨师
岗位职责	(3) 负责做好专用工具、砧板、容器以及冰柜、烤箱等的清洁卫生工作 (4) 检查每日餐后的原料消耗情况，及时申购补充 (5) 配合食品检验部抽查菜品及留样品种并进行化验，确保食品质量安全

三十、点心厨师岗位职责

点心厨师的岗位职责见表3-34。

表3-34　点心厨师岗位职责

岗位名称	点心厨师
岗位职责	(1) 负责蛋糕、点心、甜点的成品制作工作，根据不同面点风味要求严格操作，控制原料成本，保证出品质量 (2) 做好每日餐前准备工作，保证原料充足 (3) 保持冰柜、烤箱、案板、蒸笼和各类用具、餐具的清洁卫生

三十一、西厨厨师岗位职责

西厨厨师的岗位职责见表3-35。

表3-35　西厨厨师岗位职责

岗位名称	西厨厨师
岗位职责	(1) 负责做好各类西式菜品的制作工作 (2) 负责每日物料食品的领取及厨房开炉、打荷、切配等工作 (3) 负责检查各种用料和配料是否齐全、有无变味，保持食品的新鲜度 (4) 负责检查所需汤汁是否够量、调味是否恰到好处，并密封好存入冰箱 (5) 严格按顺序出菜，时刻注意卫生标准和出品质量 (6) 熟悉肉类的配存及保存方法，对海鲜类食品要按要求仔细加工 (7) 负责厨具的清洁工作，将剩余的食品放回冰柜保存，并把台面上的器具摆放整齐

三十二、外卖服务员岗位职责

外卖服务员的岗位职责见表3-36。

表3-36　外卖服务员岗位职责

岗位名称	外卖服务员
岗位职责	(1) 根据外卖的数量准备送餐所需的托盘、碗碟、餐具等 (2) 根据外卖的时间、地点，及时预订送餐的车辆 (3) 根据订单去厨房与酒吧取菜品和酒水，并检查其质量及卫生情况 (4) 负责核实订餐账单，提前通知收银处准备好发票、适量数额的零钱 (5) 将外卖送到指定地点后，根据外卖的形式和顾客的要求摆放菜品与餐具

续表

岗位名称	外卖服务员
岗位职责	（6）负责外卖菜品的结账服务，按顾客要求找零钱并提供发票 （7）客人用餐结束后，负责清理场地与餐具，并检查餐具的完好情况 （8）认真聆听客人的意见、建议，并予以记录

三十三、洗菜工岗位职责

洗菜工的岗位职责见表3-37。

表3-37 洗菜工岗位职责

岗位名称	洗菜工
岗位职责	（1）负责厨房各类蔬菜的清洗、摘拣工作 （2）做好每日餐前的工作准备，保证各类蔬菜的干净、卫生 （3）开餐结束后检查各种蔬菜的消耗情况，及时申购并给予补充，确保满足下餐的销售需要 （4）认真保管各类蔬菜，保持菜柜的干净、整洁和洗菜池区域的环境卫生

三十四、清洁工岗位职责

清洁工的岗位职责见表3-38。

表3-38 清洁工岗位职责

岗位名称	清洁工
岗位职责	（1）准时上班，不早退、不擅自离岗，认真签到 （2）服从领班的工作安排，认真完成上级布置的各项任务 （3）熟悉各种洗涤化学用品的配置方法及用途，并按规定方法操作，防止意外事故发生 （4）全面做好厨房内地面、墙面、地沟、隔油池、炉灶、铁板、烤箱、冰箱及蒸柜外壳的卫生清洁工作 （5）严格按照日常工作计划和周工作计划的要求做好清洁卫生工作 （6）及时洗涤撤下的厨具，并分类归放 （7）做好每日的收尾工作，并接受领班检查

三十五、洗碗工岗位职责

洗碗工的岗位职责见表3-39。

表3-39 洗碗工岗位职责

岗位名称	洗碗工
岗位职责	（1）在开餐前按要求准备好各类餐具，以供餐厅使用 （2）负责洗涤所有餐具

续表

岗位名称	洗碗工
岗位职责	（3）洗涤餐具时应轻拿轻放，尽量减少损耗，发现缺损要及时报告 （4）负责餐具消毒及备用餐具的分类存放 （5）定期将金属类餐具用去锈渍液浸泡去渍 （6）定期清洗洗碗机，并将洗碗机房、场地、排水明渠擦洗干净 （7）控制水电的使用及各类清洁用具、用品的损耗 （8）妥善处理洗碗场地的残渣剩饭 （9）负责做好餐后各项收尾工作

三十六、仓库管理员岗位职责

仓库管理员的岗位职责见表3-40。

表3-40　仓库管理员岗位职责

岗位名称	仓库管理员
岗位职责	（1）保持仓库的干净、整洁，将各种物品摆放整齐 （2）严格按照酒店规定程序办理物品的进出库手续 （3）定期盘点仓库，发现低于最低库存数量的物品及时申购 （4）负责统计各餐厅每月的报损率 （5）认真做好大型宴会的物品借用工作，并及时催还 （6）负责本部门清洁用品的发放工作，并做好记录和统计费用 （7）做好仓库的消防安全工作，杜绝安全隐患

第四章
餐饮企业的招聘与培训

☞ 第一节 餐饮企业员工招聘录用
☞ 第二节 餐饮企业员工培训

第一节　餐饮企业员工招聘录用

员工招聘是人力资源部的主要工作事项之一，然而，员工招聘并非人们想象的那么简单——到人才市场摆个摊、收集简历、面试、录用，它有一整套的程序，而且要注意很多细节。

一、识别招聘需求

当用人部门提出招聘需求时，负责招聘的人力资源部和用人部门的上级主管，首先需要对招聘需求进行分析和判断。

1.招聘需求产生原因

招聘需求产生的原因主要有3种情况，具体如图4-1所示。

- 一名员工离职或调动到其他部门，产生职位的空缺
- 根据年度计划人员预算招聘
- 由于工作量的变化，现有的人员无法满足需要

图4-1　招聘需求产生原因

一般来说，在事先制定好的人员预算中的招聘计划是可以直接执行的。当用人部门发现人手紧缺时，他们的第一反应往往就是"我们需要招人"，但是人力资源部要协助用人部门管理者判断一下，是否必须要通过招人来解决问题，即使是招人，也要判断是否一定要招聘正式员工。

2.分析是否确实需要招聘

其实有时候职位空缺或人手不够的情况不一定非要招聘新人，可以通过如图4-2所示的方式解决。

方式一	将其他部门的人员调配过来：一个部门人员不够，很可能另一个部门有富余的人员，而这些人员恰好可以满足那个部门的人员需求
方式二	现有人员加班：有些工作任务是阶段性的，若招聘正式员工进来，短期的繁忙阶段过去了，就会出现冗员，比如在旅游旺季，可能餐饮企业会需要许多人员，通过现有人员适当加班就可以解决问题，不必去招聘新人

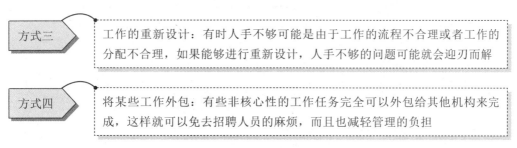

图4-2 解决职位空缺的方式

即使真需要招聘新人,也要决定是招聘正式员工还是招聘临时员工。对于某些非长期性工作或者比较简单的工作,可以招聘临时员工来完成,因为这样比较节约成本。

二、招聘准备

餐饮企业在公开招聘员工之前,一般会成立一个招聘小组,负责招聘前的准备、招聘等一系列工作。招聘前的准备工作主要是制订招聘计划和起草各种招聘文书。

1.招聘计划

招聘计划应明确招聘人员的素质条件、招聘地区和范围以及起点待遇等。具体来说,招聘计划应包括8项内容,如图4-3所示。

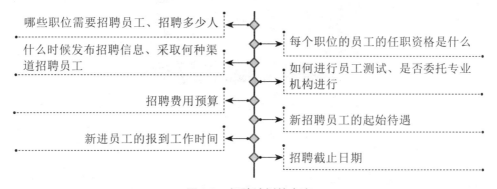

图4-3 招聘计划的内容

2.招聘文书

招聘的有关文书包括"招聘启事"、"报名表"等内容。

3.准备工作职责与任职资格描述

在准备招聘一个新人之前,负责招聘的人力资源部必须要清楚地知道空缺职位的工作职责和对任职者的任职资格要求,因为只有这样才有充分的依据对候选人进行评判。一般来说,这部分工作由空缺职位的直接主管完成,人力资源部和用人部门的上级主管将在这个过程中给予指导和帮助。

三、选择招聘渠道和方法

要做好招聘工作,招到餐饮企业需要的人才,必须拥有正确的招聘途径。这就像在某一规定时间内要我们到达目的地,之前一定要选择好路径,才能马到功成一样。那么如何建立招聘渠道呢?

可从几个层面去分析,根据不同层次的需求寻找不同的招聘渠道,如普通清洁工联系地方劳动局、专业人员到相关旅游学院、管理人员找人才市场或招聘网站等。只要事先做好了这些前序作业,等到餐饮企业急需人才时,一个电话、一个传真也许就把问题解决了。现在,随着网络时代的迅速崛起,网上招聘也是招聘渠道的一条重要途径。

如果选择到招聘会现场招聘,一定要做好各项工作安排,最好是制作一个招聘会工作安排表。店内招聘广告的示例如图4-4所示。

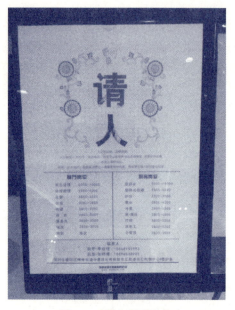

图4-4　店内招聘广告

四、餐饮企业网络招聘

网络招聘(见图4-5)是指餐饮企业通过公司自己的网站、第三方招聘网站等机构,使用简历数据库或搜索引擎等工具来完成招聘过程。

图4-5　网络招聘

1. 网络招聘流程

随着网络的发展，网络招聘已渐渐成为主流招聘方式，那么餐饮企业该如何在网上发布招聘信息呢？餐饮企业通过网络招聘员工的流程如图4-6所示。

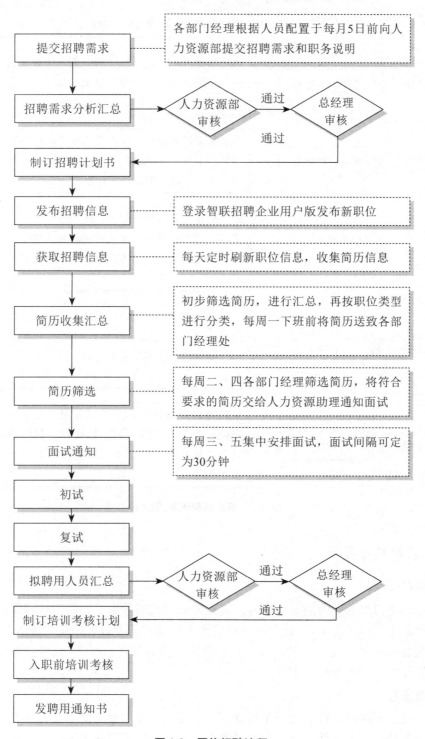

图4-6　网络招聘流程

2.如何在网上发布招聘信息

餐饮企业在网上发布招聘信息主要分为6个步骤,具体如图4-7所示。

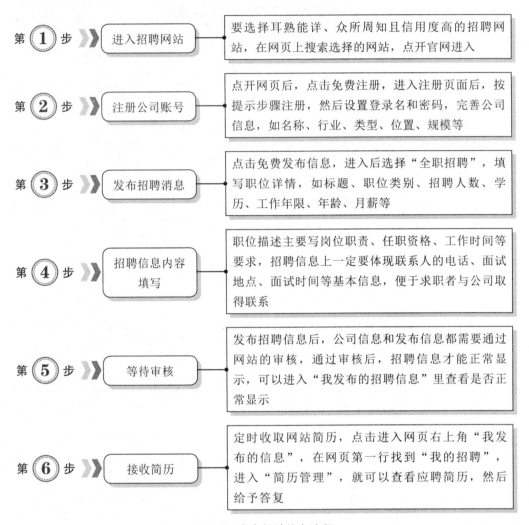

图4-7 发布招聘信息流程

五、招聘宣传和接受报名

1.招聘宣传

招聘宣传是招聘工作中的重要内容,直接影响招聘的效果。招聘宣传通常以新闻媒体发布招聘"启事"或"告示",或者在合适的地方张贴招聘"启事"或"告示"。招聘启事一般包括餐饮企业的概况、招聘岗位、福利待遇、报名条件、报名起止时间、报名手续、报名地点以及考核的内容和方式等。

2.受理报名

招聘信息发布以后,接下来的工作就是接受报名。受理报名的主要任务有两条:一是填写报名表和检验有关证件,确认报考者的报名资格,然后发准考证;二是对应聘者初步面试,招聘工作人员可根据面试情况,对初试合格者填写报考职位、工种的志愿给予指导,对初试不合格者,应耐心作出解释。

六、审查报名表

报名结束后在转入下一阶段之前,还要审查报名表。在审查报名表时应注意以下3个问题。

(1)要将全部应聘者的报名表进行汇总、分类和整理。

(2)将应聘者的情况与餐饮企业职位说明书的任职资格要求相对照,重点审查如图4-8所示的4个问题。

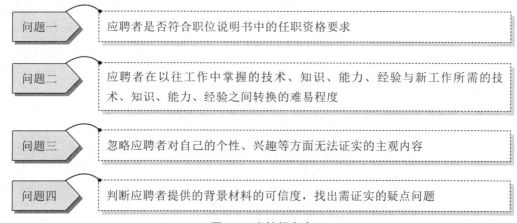

图4-8 审核报名表

(3)对审查合格者再次复查,必要时可对其提供的背景材料进行核实或背景调查。特别是对于某些重要职位,为了解其提供的背景材料的可信度,必要时,可通过电话或者会面的形式与应聘者的原工作单位进行联系,从而掌握应聘者的有关情况。在开展背景调查时,可先设计出应聘者背景材料核实表,在调查时逐项填写。

七、测试

报名表审查完后,剔出不合格人员,合格人员进入测试程序。对甄试者可以电话通知。书面通知较正规,但若时间急迫,则宜用电话通知。应聘者收到通知后,通常会按时到餐饮企业参加测试,招聘人员应事先准备好有关资料。一般是先请应聘者填写应聘人员基本资料,然后再参加测试。测试包括笔试、面试、操作测试和心理测试,在测试人员时应根据餐饮企业的特点和招聘岗位的特点,具体采用其中的一种或几种进行测试。

1. 笔试

笔试就是先拟订好试卷,由应聘者书面答卷,招聘人员根据答卷情况评定成绩的测试方法。这种方法可有效地测试应聘者的基本知识、专业知识、管理知识和技能,以及应聘者综合分析问题的能力、文字表达能力等。

2. 面试

招聘人员与应聘者面对面地谈话,通过应聘者对所提出问题的回答及其言谈举止的表现,来了解应聘者的语言能力、知识广度和深度、志趣、仪表等,从而判断他是否符合录用标准。在一般情况下,对应聘者面试结束后,要进行面试评估,以便对应聘者的优缺点以及是否符合聘用条件作出明确说明。

3. 操作测试

对于专业性工作的人员,招聘测试可采用这种方法,如收银员、服务员、厨师等。比如,招聘服务员,可以让应聘者现场进行各项操作。

4. 心理测试

心理测试是根据抽样原理制作测试材料,经标准化程序,测量一个人的人格、能力、性格的差异。

(1)人格测试。为了了解人格的个别差异所作的测试。人格测试比能力测试更重要,一个人能力优秀,若性格异常也做不好工作。人格测试的方法有自述法和投影法两种,如图4-9所示。

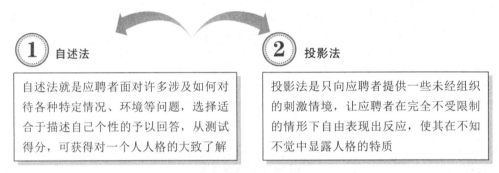

图4-9 人格测试的方法

(2)能力测试。能力测试的内容包括普通能力测试和特殊职业能力测试以及心理运动机能测试3个内容,如图4-10所示。

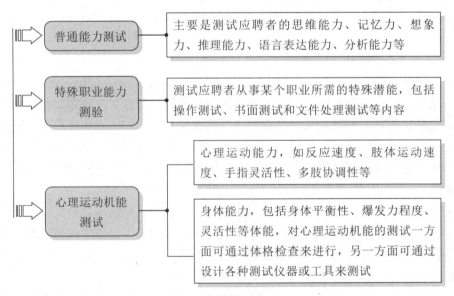

图4-10 能力测试

（3）性格测试。对应聘者的兴趣、爱好的测试。其常用的方法有库德职业兴趣调查表和爱德华个人兴趣量表。具体见表4-1。

表4-1　性格测试方法

序号	方法	内容	说明	举例
1	库德职业兴趣调查表	库德职业兴趣调查表包括许多项目，这些项目由3个项目组成一组	通过这种测试，可以鉴别每个应聘者的不同兴趣，或喜欢户外作业，或喜欢计算工作，或喜欢服务工作，或喜欢文书工作等	比如，参观艺术画廊、参观博物馆、到图书馆翻阅新书为一组，应聘者必须从中选出一项自己最喜爱的或者最不喜欢的
2	爱德华个人兴趣量表	爱德华个人兴趣量表要求每个应聘者在两个同样好的语句中选择一个，这样可避免前面职业兴趣调查表的缺陷，即防止应聘者说假话	爱德华个人兴趣量表同职业的成功与否有很强的正相关关系，兴趣测试的基本理论是：一个人如果他的兴趣同他从事的职业的要求相一致，那么他对职业的满意度就会提高，从餐饮企业的角度来看，对人的使用就是合理的使用	比如，给定以下两个好的语句，应聘者必须选择其一：第一，我要做的事总是要做成功；第二，我喜欢结交新朋友。这两句话中的第一句表示一个人的成就动机高，第二句说明应聘者多少有点依附性

八、接收新员工报到准备工作

1. 新进员工进入餐饮企业前受理准备

在新进员工进入餐饮企业前，人力资源部应做好以下工作，具体如图4-11所示。

准备一　上班通知里附上新进员工本人进餐饮企业的契约书、保证人的身份证明书，指示填好后在上班当天带来

准备二　进入餐饮企业前的准备项目里，特别不能忘记的是桌椅、置物柜等的准备，有库存备品则没问题，若无则要将采购此类物品加在受理事务上

准备三　需要名片的部门有新进员工时，事前须印制好名片，这样在上班后的拜会时可立即使用

准备四　检讨配属部门、制成配属通知书等

准备五　检讨并制订上班当天的活动计划表

图4-11　新进员工进入餐饮企业前受理准备

2.新进员工报到当天准备工作

（1）在录用者报到受理日前,按事先制订好的受理计划表再度确认受理程序。

（2）短时间内做好早会介绍程序的再确认、报到手续结束后的借用或分发物品的再检查。

（3）受理负责人的注意事项。其具体事项如图4-12所示。

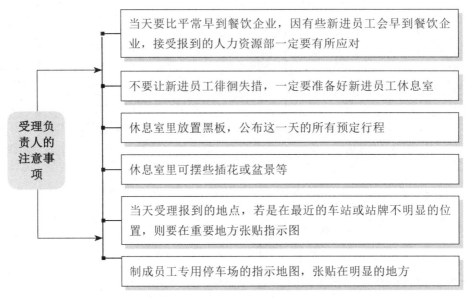

图4-12 受理负责人的注意事项

3.受理方法（新进员工报到当天）

准备工作完毕后,马上开始这些录用者的报到受理事项。报到当天受理的注意点如下。

（1）在早会时向全体人员介绍,在短时间内让新进员工融入餐饮企业,这样做颇具效果。

（2）董事长（总经理）的训示很有必要。在当天让新进员工听取高层经营者的想法,是理解餐饮企业经营方针的绝佳机会。

（3）可行的话,安排与董事长对谈的机会也是个好方法。

（4）报到手续要简洁。最好编制报到手续一览表,以完成一项便划去一项的方式快速审理各项资料。新员工报到手续表见表4-2。

表4-2 新员工报到手续表

姓名		性别	
入职岗位		入职时间	
个人入职资料准备情况			
□个人简历	□离职证明		
□身份证复印件	□员工信息登记表		
□学历证书复印件	□个人资格学历证明		
□就职担保证明	□个人免冠照片2张		

续表

人力资源部审核完成情况	
□门卡	□工牌
□资料存档	□通讯录更新
人力资源部经理签名：	
任职部门手续办理情况	
□工作地点安排情况	□工作用品领取
任职部门经理签名：	

备注：请在"□"内画"√"。

（5）报到手续完成时发给配属通知（一般来说，配属通知大多在早会时由董事长亲自交给）。

（6）依餐饮企业情况的不同，可同时分发职员证章、员工制服等。

（7）交给配属通知后，再介绍、分配新进员工给各配属的部门。这样一连串的录用报到手续就完成了。

九、新进员工报到资料

1.新进员工应携带资料

一般而言，新进员工在接到餐饮企业的录用通知后，应携带如图4-13所示的证件到餐饮企业报到。

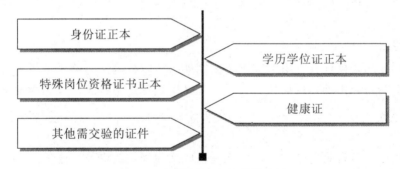

图4-13 新进员工应携带的资料

图4-13所示的报到资料，并不是所有餐饮企业都要求有，具体视每家餐饮企业的需要而增减。报到资料应于报到之日交齐，因此餐饮企业应给新进员工一定的时间，供其办理。如果餐饮企业用人在即，便可让其先报到，并限定员工在一定时期内补交齐上述资料，对不缴交者餐饮企业可不予核薪。

2.报到时填写资料

新进员工在报到时，应填写以下表格。

（1）员工保证书。收银、财务、保安、仓管等工作人员，一定要填写员工保证书。

（2）新进员工须知。新进员工到岗第一天，普遍会有"什么都摸不着门"的感觉，甚至不知道几时上班、是否需要打卡等简单问题。为了帮助他们了解餐饮企业的基本管理制度,尽快融入餐饮企业文化,应在其报到当天发给新进员工报到须知或由人力资源部组织对其进行简单的培训。

(3) 办理暂住证登记表。该表格适用于非本地户的居民,一时还不能取得本地户口或者无须本地户口的新进员工(不同地方有不同规定,要严格按照当地相关部门规定执行)。

3.填写新进员工报到会签单

员工办理报到手续后,人力资源部应填写新进员工报到会签单,并依照表内项目发放相关物品,如出勤卡、识别证、工作服、文具、工作规范、员工手册等,再由人力资源部后勤管理员安排食宿后,领往报到部门上任。报到部门助理会为其申请财务、信息方面等资料,之后由人力资源部将新进员工资料录入电脑系统。

十、新进员工试用

报到手续完毕,新进员工即进入试用期的培训、观察、考核阶段。

在大型星级餐饮企业,新进员工在试用过程中还会面临一系列的考试与评估作业。如此,一来可加快员工的适应能力,二来也可帮助人力资源部作新进员工考核调查。

试用期满前三天,人力资源部应将新进员工试用考核表送交用人单位直属主管,经其初考后再呈上级主管复考。考核合格者正式任用,不合格者停止使用,如有必要也可延长试用期。

十一、新进员工提前转正与辞退

按餐饮企业正常的用人规定,经过试用,新进员工试用的结果有可能是提前转正、按期转正或辞退。

1.提前转正

对于试用期间表现优异、事迹突出、试用期考核成绩为优秀的新进员工,部门可申请为其办理提前转正。由部门经理填写新进员工试用期转正考核表,经总经理审批后交人力资源部。

2.辞退

员工试用期不符合录用条件、试用期考核成绩为尚待改进的,由部门经理与员工面谈后,填写试用期辞退建议表,并督促新进员工,到人力资源部领取试用期劳动关系终止通知书,人力资源部协助其办理辞退手续。

第二节 餐饮企业员工培训

一、培训需求分析方法

确定培训需求时,不能凭主观想象,而应运用科学的方法进行需求分析。常见的方法有观察法、问卷调查法、面谈法、客户调查法、资料分析法、申报法、工作任务分析法等。

1. 观察法

观察法是亲自到员工工作岗位上去了解员工的具体情况，从而获得培训需求信息。为了取得良好的可比性，可以设计一份培训需求分析观察记录表，用来查核各个要了解的细节。

观察法是发现问题、证实问题的最原始和最基本的工具之一，但观察法本身也有如下缺点。

（1）易受观察者主观成见的影响，而有损观察的正确性。

（2）可能因观察者的有意做作，使获得的资料不正确。

（3）有些工作需要长时间才能完成，事实上很难作全盘观察。

（4）短期观察很难碰上突发情况，所以不易周详。

另外，这一方法要求观察者对工作背景非常熟悉，如果不熟悉，就难以得到实际的结果。

2. 问卷调查法

问卷调查法是为确定与培训有关的问题，将所需分析的事项编制成调查问卷，发放给调查对象，等调查对象填写之后再收回分析的方法。

编写问卷调查表时，要确定所需信息种类，尽量用通俗语言进行问题表述，方便被调查者理解。此外，要给被调查者充足的时间思考，回答时间最好不要超过20分钟，要收回足够的问卷，以获得较为全面和准确的信息。

以下提供一份某餐饮企业的培训需求调查问卷，仅供参考。

【范本】▶▶▶

餐饮企业年度培训需求调查问卷（管理者适用）

您好，为了推动餐饮企业快速发展，更好地为餐饮企业宾客提供专业、高效、温馨的服务，促进餐饮企业及各部门的有效管理，制订年度培训学习计划，请您配合我们认真填写相关内容，愿我们的合作最终带来共同的收获。

您的姓名：　　　　您的部门：　　　　您的年龄：

您的职务：　　　　您在餐饮企业的工作年限：

注：本调查问卷分三部分，请您根据实际情况选择答案或者书写建议。

一、培训意愿调查

1. 您认为哪些教育类别的课程对部门员工最适合，并有助于业务发展，可多选。

□学历教育　□资格证书课程　□与业务有关的相关技能　□其他

2. 您一般会在什么时候考虑组织部门员工培训？

□部门业绩不佳　□凝聚力较差　□管理存在障碍　□任何时候

□部门发展势头良好需要持续巩固

3. 您在组织部门员工培训时有哪些顾虑？

□成本支出太大　□培训效果是否符合预期　□员工会不会满意

□在何时进行比较恰当　□其他

4. 您多长时间组织本部门员工参加培训？

□从没　□大约每季度一次　□大约每月一次　□大约每半月一次　□其他

5.您组织本部门员工参加培训时，通常涉及哪些内容？
□团队建设　□规范化管理　□业务讲解　□人际关系及沟通　□行业知识

6.您希望部门员工在什么时候参加餐饮企业统一组织的培训比较合适？
□尽可能不占用员工休息时间　□工作日的晚上　□其他

7.您是否会积极安排部门员工参加餐饮企业统一组织的各项培训？
□是，不论什么培训必然会提高员工素质
□不一定，要看培训的主题和讲师的选择
□不一定，要看本部门实际业务冲突，部门工作优先
□其他

8.您乐于接受的学习方式有（可多选）。
□企业内训　□外部培训　□外聘内训　□在工作中学习
□光盘教学　□讨论分享　□阅读书籍　□其他

9.您认为餐饮企业员工每月参加多长时间的培训合适？
□4小时内　□5~7小时　□8~12小时　□12小时以上

10.您认为培训能提高员工的工作绩效吗？
□有很大提高　□有一定提高　□说不清楚　□基本没提高　□完全没提高

11.您认为培训难以吸引人的原因是？
□与工作时间冲突无法协调　□无法满足实际的培训需求
□经常占用休息时间□其他

12.您最希望参加哪一类型的培训？
□人际关系沟通技巧　□如何做一个好主管　□专业技能培训
□如何提高素质，进行有效的个人管理　□其他

13.公司选拔内部讲师，您是否愿意承担自己擅长领域的课程培训？
□愿意并有能力胜任　□愿意，但目前还不能授课
□愿意，授课能力有待提高□不愿意，不具备相关能力　□其他

14.您认为餐饮企业的岗位设置合理吗？
□很合理　□比较合理　□一般　□不合理

15.您了解自己的员工吗？
□很了解　□有一些了解　□不了解

16.您对部门员工的工作满意吗？
□很满意　□比较满意　□一般　□不满意

二、培训项目及课程参考（请根据类型选择您希望开展的培训项目及课程，可多选。）

1.发展战略类。
□现代企业规范化管理　　　　□如何改善企业体质，提升经营效益
□突破执行力不足的瓶颈　　　□如何走出管理误区
□中国式危机管理策略　　　　□培训发展与自我学习

2. 公共必修类。
☐ 基本工作流程　　　　　☐ 职业化员工的优良心态
☐ 高效员工工作守则　　　☐ 人际关系管理
☐ 口才提升与突破　　　　☐ 个人情绪管理
☐ 员工综合素质提升方案　☐ 细节与态度
3. 通用管理类。
☐ 领导者的魅力　　　　　☐ 员工心理辅导
☐ 团队经营方略　　　　　☐ 如何培养部署善用人才
4. 业务销售类。
☐ 如何分析客户需求　　　☐ 沟通与说服技巧
☐ 商务礼仪　　　　　　　☐ 销售心理学
5. 行政后勤类。
☐ 办公室礼仪　　☐ 消防安全　　　☐ 行政公文写作
☐ 办公自动化　　☐ 保安物业管理　☐ 时间管理
6. 财务管理类。
☐ 财务基础知识　　　　　☐ 财务报表阅读分析
☐ 如何降低成本　　　　　☐ 企业信用管理
7. 人力资源管理类。
☐ 职业生涯规划与发展　　☐ 有效竞争的弹性薪酬体系
☐ 绩效管理与考核　　　　☐ 岗位胜任与素质提升
☐ 劳动纠纷调解与注意事项
8. 行业发展类。
☐ 现代餐饮企业行业概况　☐ 现代餐饮企业经营管理
☐ 收银员基础培训　　　　☐ 现代餐饮企业服务理念
☐ 服务人员基本礼仪　　　☐ 餐饮管理方法与技巧
☐ 司机服务礼仪培训

三、您对我们的建议

对培训的建议：_____

_____

其他建议：_____

_____

衷心感谢您的配合！

----

3. 面谈法

面谈法是通过对受训者、培训者、督导者、管理者、决策者等关键人物进行面谈，经过全面、系统的分析之后，确定培训需求的一种调查方式。面谈法有以下两种类型。

（1）个别面谈。个别面谈可以采取正式或非正式的方式约见受训者，可以亲自到工作现场,也可以召开会议等形式进行。但不管采取怎样的方式,调查前首先必须自问:在面谈中,究竟想要得到哪些有用的培训资料?如:餐饮企业所面临的主要问题是什么;餐饮企业对员工影响的范围如何;有必要参加培训的员工有多少;员工工作表现的缺点是什么、原因何在;什么是员工应做而未做好的;员工培训积极性不高的原因是什么。

在面谈过程中,要记录所得的资料。不管用什么方法,都要避免对方紧张或心生警惕,而影响资料的可靠性。

(2)集体面谈。在畅所欲言的情况下,集体面谈比个别面谈更有效果,大家集思广益,充分发表意见,会更有启发性,得到的资料会更全面。但是如果面谈的内容涉及个人缺点或隐私,则宜进行个别面谈。

以下提供一份某餐饮企业部门经理培训需求调查面谈问卷,仅供参考。

【范本】▶▶▶

餐饮企业部门经理培训需求调查面谈问卷

(1)您对培训部有哪些期望或要求?

_____

_____

(2)对您的部门来说,哪些培训项目是最重要和最紧急的?(如服务技巧、礼节礼貌、沟通技巧、服务程序及标准、安全知识、服务英语等)

_____

_____

(3)您部门的员工在入职前都参加岗前培训了吗?如果参加了,您认为培训效果如何?没有参加培训的是何种原因?

_____

_____

(4)请您根据本部门的实际情况,按照非常重要、重要、不重要的程度选择以下培训项目,具体见下表。

培训项目的重要性

序号	培训项目	非常重要	重要	不重要
1	餐饮企业知识介绍			
2	培训部门培训人员			
3	安全知识培训			
4	处理客人投诉技巧			
5	与客人沟通技巧			
6	关注客人			
7	客户关系			
8	主管管理技巧			

续表

序号	培训项目	非常重要	重要	不重要
9	时间管理			
10	如何评估下属			
11	员工部门内岗位交换培训			
12	员工餐饮企业内交换培训			
13	接听电话技巧			
14	电脑知识培训			
15	餐饮企业英语初级水平培训			
16	餐饮企业英语中级水平培训			
17	礼仪培训			

（5）除上述培训内容外，您认为还有哪些培训项目对您的部门或餐饮企业是非常必要的或急需的？

_____

_____

（6）您本人需要哪些方面的培训？

_____

_____

（7）您认为哪种培训方式适合您？

☐管理学习　　　　☐参观、考察　　　　　☐半脱产式培训

☐脱产培训　　　　☐参加短期专项培训班　☐自学

4. 客户调查法

征求客户对餐饮企业产品、员工素质、服务等方面的意见，从中获取有用的培训资料。可以设计一份客户能够很容易回答的简明调查表，从中获得有关培训的信息。

在对客户进行调查时，首先要向客户说明餐饮企业正在制订一份培训计划，并对于他们给予的合作和帮助表示十分感谢，然后声明你的目的是想为客户提供更好的服务，因此他们的任何帮助对你们都是有用的。

最好采用多项选择的方式，同时适当留些空白以便让他们作出评论和强调，不要要求他们签名，向他们保证调查的内容是绝对保密的，不会向餐饮企业有关人员透露。

5. 资料分析法

通过对各种报表、文件、审计结果、预算报告、工作计划、总结、数据分析、客人投诉、工伤及处罚报告等记录进行分析，找出餐饮企业存在的问题，确定培训需求。

6. 申报法

通过向各部门发放培训需求申报表了解各部门员工的需求。培训需求申报表是在制定餐饮企业年度工作目标和部门年度工作目标基础上，结合个人培训需求来确定部门培训需求。培训部门根据餐饮企业年度工作目标和各部门上报的培训需求，制订餐饮企业年度培

训计划。培训部在征求各部门对年度培训计划意见基础上，经过反复修改，定稿后上报餐饮企业决策层审批。

7. 工作任务分析法

工作任务分析法是以工作说明书、工作规范或工作任务分析记录表作为确定员工要达到要求所必须掌握的知识、技能和态度的依据，将其和员工平时工作中的表现进行对比，以判定员工要完成工作任务的差距所在，从而找出培训需求的方法。

工作任务分析法是一种非常正规的培训需求分析方法，它通过岗位资料分析和员工现状对比得出员工的素质差距，结论可信度高。

二、培训需求分析步骤

培训需求分析步骤，具体如图4-14所示。

图4-14　培训需求分析步骤

1. 发现问题

通过培训需求调查，发现餐饮企业实际存在的问题，主要包括基层员工和管理层的问题。如图4-15所示。

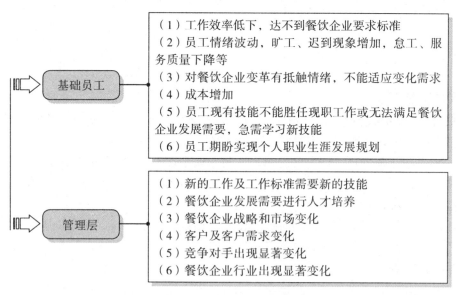

图4-15　两个方面的问题

2. 收集信息

找出基层员工和管理层存在的问题，然后对培训需求信息进行收集。培训需求信息主要来于餐饮企业高层决策者、部门管理者和员工。在收集源头信息时，一定要保证信息的准确性。

3. 分析数据和信息

对培训需求进行分析。分析根据表4-3所列内容进行。

表4-3 培训需求分析要点

序号	要点	内容
1	受训员工现状	（1）在组织中的位置 （2）是否受过培训 （3）受过什么培训 （4）培训的形式
2	受训员工存在的问题	（1）是否存在问题 （2）问题的原因
3	员工的期望和真实想法	（1）期望接受的培训内容 （2）希望达到的培训效果 （3）核实员工真实的想法

4. 确认培训需求

通过对汇总的各类培训需求加以分析和鉴别，同时参考有关部门的意见，根据重要程度和迫切程度排列培训需求，为制订培训计划奠定基础。

三、培训需求分析参与者

想要培训需求分析结果更加真实、客观和全面，需要餐饮企业各级人员积极参与，主要包括五类参与者。

1. 决策层

决策层主要包括董事长、总经理和副总经理，从餐饮企业发展战略角度提出培训需求，并分析培训需求是否能满足餐饮企业发展战略目标的要求。

2. 管理层

管理层主要指的是部门经理，对本部门员工的优缺点掌握得比较准确，对员工的培训需求较为了解，清楚员工需要在哪些方面进行培训和提高，能协助培训部制定培训目标和培训内容。

3. 基层员工

餐饮企业培训的对象是基层员工，培训管理部门只有准确掌握其需要在哪个领域发展，培训才能得到员工的支持和喜爱。

4. 人力资源部

培训需求分析的工作主要是由人力资源部组织完成的，因为他们掌握餐饮企业各级人员的技能、素质等方面的资料，并对每个岗位的要求和变化了如指掌。

5. 餐饮企业外部客户

餐饮企业的客户、供应商等对餐饮企业存在的问题能给予较为客观和准确的分析，对培训项目的设计将有很大的帮助。如果有必要，可以聘请培训专家、专业顾问从外部资源角度进行分析。

四、确定培训目标

培训目标是实现员工在某个岗位上的最佳工作绩效，以及员工的自我满足。为了使培训达到预定的目标，就需要对培训目标作清楚明白的说明。培训目标包括知识的获得、态度的改变或加强、技术的获得、工作行为改进、餐饮企业部门或人员绩效的改善等。

对培训目标界定得越精确、越清晰、越详细，就越易于进行后面的活动。要根据培训目标，对培训对象进行界定。培训经理在确定培训对象时应当回答以下问题。

（1）是员工还是管理者。
（2）是部分员工还是全体员工。
（3）是新员工还是在职员工。
（4）是绩效差的员工还是绩效高的员工。

培训要求考虑的内容见表4-4。

表4-4　培训目标

序号	培训要求考虑的内容
1	培训是否可以提高组织绩效
2	培训是否有利于员工获得更高的工作绩效
3	培训是否仅仅是组织的一项常规性的工作
4	培训是否为了满足外部需求（如政府部门的要求）
5	其他

五、员工培训计划内容

这一部分是培训计划的主要内容，对培训计划的各项内容进行具体的规定。培训计划内容的规定见表4-5。

表4-5　培训计划内容的规定

序号	规定类型	具体内容
1	培训方式的选择	根据培训目标和对象选择培训方式；是内部培训还是外部培训；是业余培训还是脱产培训；是集中培训还是分散培训
2	培训机构的选择	以什么标准选择培训机构；有哪些可供选择的培训机构；各有什么优势和劣势
3	培训教材的选定	有无现成的教材；如果有，是否需要修改、如何修改、谁来修改；如果没有，如何选定、由谁来选定
4	培训课程开发	培训课程开发包括课程定位、课程目标、学习策略、教学模式选择、如何评价等内容
5	培训师的选择	内部培训师还是外部培训师；培训师的风格如何；如何考核教学效果；是否需要对培训师进行培训
6	培训预算	预算来源；预算在培训项目上如何分配；如何处理预算与计划的冲突；预算如何管理

续表

序号	规定类型	具体内容
7	考核方案	谁需要进行考核；何时进行考核；如何考核；考核什么；成绩如何使用；有无奖惩措施

六、制定培训方案

制定培训方案就是根据培训面临的问题环境，来选择和制定相应的培训措施。现代的组织环境已经由稳定的状态转化为动态性较强而且不可预期的状态。这种环境要求员工不断地更新自己的技能和知识，并能够相对容易地从一种工作环境转入另外一种工作环境。在这种情况下，员工的工作内容不断变化，餐饮企业文化也在发生变化，这些因素极大地影响着培训策略的制定。具体见表4-6。

表4-6 可能的培训策略

项目	当前工作环境中的培训	其他计划中的活动	计划的外部活动	内部课程	外部课程
培训的目标					
转变可能性					
组织的反应					
组织的潜力					
受训者的相关因素					

在这里，提供两份餐饮企业培训方案，仅供参考。

【范本】▶▶▶

开业前培训方案

为了保障开业前的培训能顺利有序地进行，培训能有实效性和可操作性，特制定此培训方案，方案根据餐厅整体工作进程及人员到岗情况有计划地进行，共分为三大部分，具体如下。

一、设想与原则

1.培训设想

通过为期20天的培训使新员工基本达到上岗要求，熟悉餐厅概况及相应的工作规范，具有团队合作精神和组织纪律性，基本掌握及会应用业务技能。

2.培训原则

本次培训的原则是注重培训的实际效果和培训项目的实用性，认真执行培训计划，强调整体工作进程的统一。

二、培训的内容设计

针对酒店实际情况将培训细分为全店集中培训和部门专业知识培训。其中全店集中培训首先进行，分为岗前军训、企业文化培训、员工手册培训、服务意识培训、应知应会技能知识培训、案例分析、投诉处理技巧法则、产品培训、考核、实操演练等10项进行。共计20天，80节课时。具体时间安排见下表。

培训期间每日时间安排

序号	时间	项目	备注
1	7:30—7:50	早饭	
2	7:50—8:00	点名	
3	8:00—9:45	第一节课	
4	9:45—10:00	课间休息	
5	10:00—12:00	第二节课	
6	12:00—13:50	午饭	
7	13:50—14:00	点名	
8	14:00—15:45	第三节课	
9	15:45—16:00	课间休息	
10	16:00—18:00	第四节课	
11	18:00—19:00	晚饭	
12	19:00	复习、作业	

三、培训时间安排

计划从2018年11月17日~2018年12月12日，具体安排见下表。

培训大纲时间安排表

序号	时间	内容	受训人	授课人	地点	备注
1	11.17	企业文化	全体员工			共1天
2	11.18~11.26	岗前军训	全体员工			共7天
3	11.27~11.28	员工手册	全体员工			共2天
4	12.01	服务意识	全体员工			共1天
5	12.02~12.08	岗前技能培训	全体员工			共5天
6	12.09	投诉处理技巧	全体员工			共1天
7	12.10~12.11	产品培训	全体员工			共2天
8	12.12	理论考试	全体员工			共1天
9	12.13~12.14	卫生打扫	全体员工			共2天
10	12.15	开业（试营业）	全体员工			
共计22天						

备注：1.由于培训教室场地原因，每周六、周日不能进行培训，故（11月22、23、29、30号，12月6、7号共计6天不能进行）建议这6天试行双休放假处理。

2. 12月13号、14号两天前期筹划基本到位，安排全体员工进行开荒卫生处理，熟悉餐厅及周边环境，进入开业前最后准备工作。

四、培训内容及课时安排

培训内容及课时安排见下表。

培训内容及课时安排

时间	大纲	第几课时	时间	培训内容	授课人	参加人
11.17	企业文化	第1课时	8:00~9:45	公司介绍		全员
		第2课时	10:00~12:00	企业文化		全员
		第3课时	14:00~15:45	十大承诺		全员
		第4课时	16:00~18:00	服务概念		全员
11.18~11.26	军训	5~32课时	全天	军姿、列队、团队协作		全员
11.27	员工手册	第33课时	8:00~9:45	行为规范		全员
		第34课时	10:00~12:00	人事规定		全员
		第35课时	14:00~15:45	考勤制度		全员
		第36课时	16:00~18:00	奖罚		全员
11.28	员工手册	第37课时	8:00~9:45	福利		全员
		第38课时	10:00~12:00	投诉处理		全员
		第39课时	14:00~15:45	安全守则、安全意识		全员
		第40课时	16:00~18:00	团队协作游戏		全员
12.01	服务意识	第41课时	8:00~9:45	心态培训		全员
		第42课时	10:00~12:00	服务的概念		全员
		第43课时	14:00~15:45	核心服务理念		全员
		第44课时	16:00~18:00	21条行动纲领		全员
12.02	岗前技能	第45课时	8:00~9:45	仪容仪表、礼貌礼节		全员
		第46课时	10:00~12:00	仪容仪表、礼貌礼节		全员
		第47课时	14:00~15:45	沟通、语言技巧艺术		全员
		第48课时	16:00~18:00	微笑服务		全员
12.03	岗前技能	第49课时	8:00~9:45	团队执行力、协作力		全员
		第50课时	10:00~12:00	团队执行力拓展游戏		全员
		第51课时	14:00~15:45	服务八大技能		全员
		第52课时	16:00~18:00	自助餐、火锅服务		全员
12.04	岗前技能	第53课时	8:00~9:45	自助餐、火锅服务		全员
		第54课时	10:00~12:00	酒水服务知识、茶文化		全员
		第55课时	14:00~15:45	餐前、中、后工作规范		全员
		第56课时	16:00~18:00	餐前、中、后工作规范		全员

续表

时间	大纲	第几课时	时间	培训内容	授课人	参加人
12.05	岗前技能	第57课时	8:00~9:45	餐前、中、后工作规范		全员
		第58课时	10:00~12:00	餐前、中、后工作规范		全员
		第59课时	14:00~15:45	各岗位工作职责及要求		全员
		第60课时	16:00~18:00	各岗位工作职责及要求		全员
12.08	岗前技能	第61课时	8:00~9:45	店面管理标准制度		全员
		第62课时	10:00~12:00	店面管理标准制度		全员
		第63课时	14:00~15:45	候餐服务、销售技巧		全员
		第64课时	16:00~18:00	整体服务操作流程		全员
12.09	投诉处理	第65课时	8:00~9:45	可视化管理		全员
		第66课时	10:00~12:00	可视化管理		全员
		第67课时	14:00~15:45	投诉处理60法则		全员
		第68课时	16:00~18:00	投诉处理60法则		全员
12.10~12.11	产品	69~76课时	全天	产品培训		全员
12.12	理论考试	第77课时	8:00~9:45	厨部运作流程		全员
		第78课时	10:00~12:00	厨部运作流程		全员
		第79课时	14:00~15:45	理论考试		全员
		第80课时	16:00~18:00	理论考试		全员
12.13~12.14	开荒	卫生打扫、熟悉环境、模拟演练				全员
12.15	开业	开业大吉大利				

餐饮部新员工培训方案

前言

为了提高服务质量,争创××地区服务第一,树立服务亮点,提高××品牌力,组建新人服务培训体系,促使新人更快地融入到服务状态中,加强各项服务质量的提高;为了给宾客提供全面的服务模式,提高服务水平和灵活语言技巧、业务技能,更好地提高服务水平和服务质量,并且直接提高××餐厅的品牌影响力,提高客人对××餐厅服务的满意度,特制定如下培训方案。

各项培训计划流程如下。

1.考核项目

考核项目见下表。

考核项目

序号	考核项目	序号	考核项目
1	摆台考核	3	礼仪考核
2	服务流程考核	4	业务知识理论考试

2. 培训分工负责

培训分工负责具体见下表。

培训分工负责表

序号	培训项目	培训目的	参加人员	责任人
1	礼貌礼节	提高礼貌素质	新员工	×××
2	仪容仪表	统一标准规范	新员工	×××
3	肢体礼仪	统一肢体操作标准	新员工	×××
4	服务流程	提高服务质量	新员工	×××
5	摆台	提高摆台技能	新员工	×××
6	口布折花	掌握口布折花技巧	新员工	×××
7	托盘	提高服务技能	新员工	×××
8	斟酒	掌握斟酒技能	新员工	×××
9	河豚操作	提高特色菜品操作技能	新员工	×××
10	竹林鸡三吃操作	提高特色菜品操作技能	新员工	×××
11	海参水饺	提高特色菜品操作技能	新员工	×××
12	特色菜品	了解菜品结构知识	新员工	×××
13	常用酒水	提高酒水服务质量	新员工	×××
14	酒水知识培训	提高服务业务知识	新员工	区域主管
15	菜品知识培训	提高服务业务知识	新员工	区域主管
16	心态服务意识培训	提高服务质量	新员工	×××

3. 培训课时计划

培训课时计划见下表。

培训课时计划

日期	时间	课时	培训内容	培训目的	授课人
8.30	第一节	8:30~9:00	礼貌礼节	提高礼貌意识	×××
8.30	第二节	9:00~9:30	仪容仪表	掌握仪容仪表标准，统一规范	×××
8.31	第三节	8:30~9:00	11节礼仪操视频	了解礼仪操基本标准	×××
8.31	第四节	9:00~9:30	前3节礼仪操	分阶段练习，掌握基本要领	×××
9.1	第五节	8:30~9:00	中3节礼仪操	分阶段练习，掌握基本要领	×××

续表

日期	时间	课时	培训内容	培训目的	授课人
9.1	第六节	9:00～9:30	后4节礼仪操	分阶段练习，掌握基本要领	×××
9.2	第七节	8:30～9:30	模拟礼仪操练习	巩固练习效果	×××
9.3	第一节	8:30～8:40	18节服务流程	了解中餐宴会服务流程	×××
9.3	第二节	8:40～9:30	前6节服务流程	掌握前6节服务流程标准	×××
9.4	第三节	8:30～8:40	提问前一天培训	了解员工接受前一天培训的情况	×××
9.4	第四节	8:40～9:30	中6节服务流程	掌握第7～12节服务流程	×××
9.6	第五节	8:30～8:40	提问前一天培训	了解员工接受前一天培训的情况	×××
9.6	第六节	8:40～9:30	后6节服务流程	掌握后6节服务流程标准	×××

日期	时间	课时	A组	B组	C组	D组
9.7	第七节	8:30～9:30	被服务者模拟	服务者模拟	被服务者模拟	服务者模拟
9.8	第八节	8:30～9:30	服务者模拟	被服务者模拟	服务者模拟	被服务者模拟

日期	时间	课时	培训内容	培训目的	授课人
9.9	第一节	8:30～9:30	摆台视频	了解摆台的程序	×××
9.10	第二节	8:30～9:30	摆台技巧	了解、掌握摆台标准	×××
9.11	第三节	8:30～9:30	摆台实操	进一步掌握摆台流程、标准	×××

日期	时间	课时	A组	B组	C组	D组
9.13	第四节	8:30～9:00	托盆练习	餐台摆位	站姿、走姿	手势方向指引
9.13	第五节	9:00～9:30	餐台摆位	站姿、走姿	手势方向指引	托盆练习
9.14	第六节	8:30～9:00	站姿、走姿	手势方向指引	托盆练习	餐台摆位
9.14	第七节	9:00～9:30	手势方向指引	托盆练习	餐台摆位	站姿、走姿

日期	时间	课时	培训内容	培训目的	授课人
9.15	第一节	8:30～9:30	托盘	掌握托盘技巧	×××
9.16	第二节	8:30～9:30	口布折花	掌握十种口布折花的技巧	×××
9.17	第三节	8:30～9:30	斟酒	掌握斟酒标准	×××

日期	时间	课时	A组	B组	C组
9.18	第四节	8:30～9:00	口布折花练习	托盆训练	斟酒练习
9.18	第五节	9:00～9:30	斟酒练习	口布折花练习	托盆训练
9.20	第六节	8:30～9:00	托盆训练	斟酒练习	口布折花练习
9.20	第七节	9:00～9:30	综合训练	综合训练	综合训练

日期	时间	课时	培训内容	培训目的	授课人
9.21	第一节	8:30～9:30	河豚操作	提高特色菜品操作技能	×××
9.22	第二节	8:30～9:30	竹林鸡三吃	提高特色菜品操作技能	×××
9.23	第三节	8:30～9:30	海参水饺	提高特色菜品操作技能	×××

续表

日期	时间	课时	A组	B组	C组
9.24	第四节	8:30~8:50	河豚操作	竹林鸡三吃	海参水饺
9.24	第五节	8:50~9:10	海参水饺	河豚操作	竹林鸡三吃
9.24	第六节	9:10~9:30	竹林鸡三吃	海参水饺	河豚操作

日期	时间	课时	培训内容	培训目的	授课人
9.25	第一节	8:30~9:30	特色菜培训	了解掌握特色菜介绍	×××
9.26	第二节	8:30~9:30	常用酒水培训	掌握基本酒水知识	×××
9.27	第三节	8:30~9:30	提问菜品酒水	了解培训掌握的效果	×××

日期	时间	课时	培训内容	培训目的	授课人
9.28	第一节	8:30~9:30	心态培训	开通思想，确立目标	×××
9.29	第二节	8:30~9:30	服务意识培训	提高服务质量	×××
9.30	第三节	8:30~9:30	服务意识培训	提高服务质量	×××

4.考核时间制定

具体考核时间见下表。

考核时间表

序号	考核内容	考核时间	考核地点	参加人员	评审人员
1	摆台考核	10月1日8:00	××厅	新员工	经理、办公室
2	服务流程考核	10月2日8:00	××厅	新员工	经理、办公室
3	业务知识理论考试	10月3日8:30	××厅	新员工	经理、办公室
4	礼仪考核	10月4日8:30	××厅	新员工	经理、办公室

七、开发培训课程

1.课程设计的要素

课程设计时要根据课程总体目标，选择课程要素。常用的课程要素包括如图4-16所示的9个方面。

2.课程开发

课程开发的形式有自主式开发、合作式开发与外包式开发，其中合作式开发形式较多采用。自主式开发对培训人员专业要求较高，不仅需要多年培训管理经验的积累，同时更需要对理论知识的掌握和实践经验的沉淀。合作式开发因选择合作方进行课程开发，培训部门主要是负责项目管理及过程监控工作。

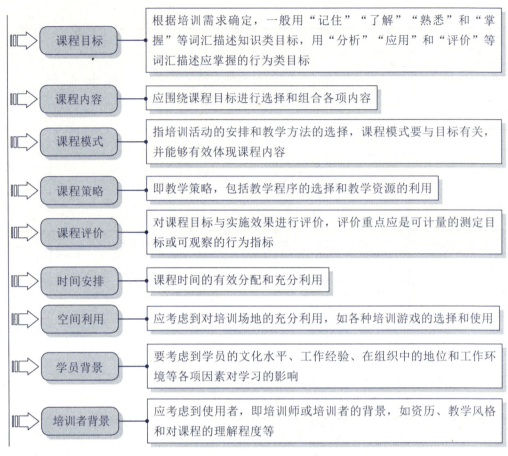

图4-16 课程要素

八、选择培训师

不管是聘请外部的培训师还是开发内部的培训师，均应选择合适的培训师才能保证培训的效果。

1. 确定从内部还是外部聘请培训师

在决定从餐饮企业内部选择培训师还是从外部聘请培训师之前，要了解外聘培训师和内部培训师的优势和劣势。

如何决定从餐饮企业外部还是内部选择培训师？应根据培训的内容和教学手段，及经济性和学员的适应性来决定。其具体内容如下。

（1）专业知识理论等要求较高的培训或前沿技术的培训，适合从外部聘请专家。

（2）较小规模的餐饮企业，或没有专门培训职能的餐饮企业，可以从外部聘请专家。

（3）具有成熟培训体系的餐饮企业，可开发内部培训师资源。

（4）成熟的课程或专业知识水平较低的课程，适合从餐饮企业内部选择培训师。

（5）餐饮企业文化、行为规范方面的培训，适合内部培训师。

（6）比较培训师开发成本和聘用成本，决定外聘还是内聘。

2. 选择培训师的标准

选择培训师具体标准如下。

（1）具备相关的专业理论知识。
（2）对培训所涉及问题有实际应对经验。
（3）具有培训经验和培训技巧。
（4）熟练运用培训工具。
（5）良好的交流和沟通能力。
（6）具有引导学员自学的能力。
（7）善于发现问题和解决问题。
（8）掌握前沿理论。
（9）拥有培训热情。

3.对内部培训师进行培训

初步确认培训师后，应针对培训师的特点和本次培训的要求，对内部培训师进行培训。培训的内容有以下4种作为选择。
（1）授课技巧。
（2）教学工具的使用。
（3）教学内容的培训。
（4）餐饮企业情况和学员背景的培训。

4.办理培训师的聘用手续

其具体手续如下。
（1）对于外聘培训师，首先进行意向接触，然后进行评估，确定是否聘用，若可行的话，则签订聘用合同。
（2）对于内部培训师，首先进行意向接触，然后对其实施评估，确定是否聘用。若达标的话，则签订相关协议，最后由所在部门和人力资源部门签字确认。

培训实施涉及许多人、部门和设施，最容易在细节上出错，因此在这个过程中，人力资源部一定要周密、细心。

九、安排培训时间

培训时间的安排要考虑以下因素。

1.员工的工作时间状况

首先，培训的安排尽量不要与工作时间冲突；其次，培训是否占用工作时间要根据员工的具体情况而定，并且一定要和员工主管沟通协调，征得主管的同意，并且以不会给员工带来绩效和收入上明显的损失为好。

2.培训时间的长短

培训时间的长短适当，不宜过长。

3.培训时间的安排与培训内容、方法匹配

培训时间的安排要与培训内容相匹配。比如，知识性内容时间不宜太长，也不宜安排在员工精神不好的时间段；需要反应性、灵敏性比较高的操作项目不宜安排在晚上；课程传授方式容易使受训者困倦的，最好避开午休时间，而管理游戏类培训可以在员工感觉困倦的时间段内进行等。

4.课程时间的分配合理

课程的进度要均匀,既不能前松后紧,也不能前紧后松。培训管理者应当做好进度的监控,协助培训师掌握好时间安排。

十、发出培训通知书

培训通知书是餐饮企业培训管理的正式文件,有着正确传递培训信息,引起被通知者重视的作用。在必要的时候,可以作为培训考核的依据。

培训通知书主要有如下两种类型。

1.信息采集型

人力资源部通过发布培训通知书(见表4-7)获得所需信息,通知书主要将培训目的、内容、计划招收人数、受训者要求等进行发布,要求各部门把需要参加培训的人员确定下来,并上报给人力资源部,人力资源部再据此作出安排。

表4-7 培训通知书

培训通知书
各部门: 　　为了充实培训师队伍,强化部门培训力量,完善餐饮企业培训体系,培训部定于××日至××日举办第八期培训师培训班,要求各部门选派三名培训师候选人参加。请部门经理严格挑选候选人,并将候选人名单于××日前上报人力资源部。 　　感谢您的配合! 　　　　　　　　　　　　　　　　　　　　　　　　　　××餐饮企业人力资源部 　　　　　　　　　　　　　　　　　　　　　　　　　　××××年××月××日

2.信息发布型

人力资源部对将要举办的培训班安排好后,将信息发布出去。一般信息发布型通知书包括以下三项具体内容。

(1)培训课程计划书。培训课程计划书就是将已经确定的培训课程以书面形式发布,主要包括课程名称、课程内容、开课时间、培训对象、培训方法、培训师介绍等。具体示例见表4-8。

表4-8 培训课程计划书

序号	项目	内容		
1	课程名称	经理级培训讲座		
2	开课时间	5月8日~5月15日,共一周		
3	主要内容	餐饮企业经营管理创新	(1)设施创新　　(2)设备创新　　(3)服务创新 (4)营销创新　　(5)管理创新　　(6)理念创新		
		餐饮企业经营战略连接	(1)经营远景和价值观　　(2)经营战略三要素 (3)战略连接　　　　　　(4)案例分析		

续表

序号	项目	内容
4	培训对象	各部门经理、总监、副总经理、总经理
5	培训方法	讲座、案例分析、讨论、答疑
6	培训师介绍	（略）

（2）培训班安排说明书。将已经确定的在培训日程内的一切活动安排以书面的形式发布，如培训地点、报到时间、开课时间、用餐方式等，以便让受训者心中有数，提前做好各项准备。具体示例见表4-9。

表4-9　餐饮企业经理培训日程安排表

日期	星期	时间	培训内容	地点	负责人
5月9日	一	9:00～12:00 14:30～17:30	报到讲座 领取培训资料	餐饮企业大堂	人力资源部
5月10	二	8:30～10:00	现代餐饮企业经营管理创新	三楼会议室	人力资源部
		10:00～10:30	全体学员合影	餐饮企业门口	
		10:30～12:00	现代餐饮企业经营管理创新	三楼会议室	
		12:00～14:00	午餐、午休	一楼咖啡厅	
		14:00～15:30	现代餐饮企业经营管理创新	三楼会议室	
		15:30～15:45	茶点、休息		
		15:45～17:30	现代餐饮企业经营管理创新	三楼会议室	
		18:00	晚餐	一楼中餐厅	
5月11日	三	7:00	早餐	一楼咖啡厅	人力资源部
		8:30～10:00	餐饮企业经营战略	三楼会议室	
		10:00～10:20	茶点、休息		
		10:20～12:00	餐饮企业经营战略		
		12:00～14:00	午餐、午休	一楼咖啡厅	
		14:00～15:30	餐饮企业经营战略		
		15:30～15:50	茶点、休息	三楼会议室	
		15:50～17:00	餐饮企业经营战略		
		17:00～17:30	讨论、答疑		
		18:00	晚餐	二楼宴会厅	
5月12日	四	7:00	早餐	一楼咖啡厅	人力资源部
		8:30	讨论交流	三楼会议室	
		12:00	午餐	二楼宴会厅	
		14:00～16:00	考核	三楼会议室	
5月13日	五	8:30	结业式、颁发证书	三楼会议室	人力资源部

（3）纪律要求及注意事项。对于各类培训班，人力资源部要制定严格的纪律措施和安全注意事项，如签到制度、手机使用规定、作息时间要求、评估制度、考核要求及安全注意事项等。具体示例见表4-10。

表4-10　××餐饮企业培训通知

××餐饮企业第六期员工团队合作精神培训通知
各位同事： 　　欢迎您参加第六期员工团队合作精神培训！ 　　现将有关事项通知如下。 　　一、时间和地点 　　（略）。 　　二、纪律要求 　　（1）按时上下课，如有特殊原因不能参加或中途离开者，请向有关工作人员请假。 　　（2）上课专心听讲，保持安静；关闭手机或调到震动位置。 　　（3）保持环境卫生，上课期间请勿吸烟。 　　感谢您的配合！ 　　　　　　　　　　　　　　　　　　　　　　　　　　　　　　　　　　人力资源部 　　　　　　　　　　　　　　　　　　　　　　　　　　　　　　　　××年××月××日

十一、选择与布置培训场所

人力资源部要提前选好培训场所，并且最好要有其他备选场所。一般情况下，根据学员人数的多寡和培训的内容选择培训场所，比如选择大面积或小面积的场所、选择户外或户内、选择自备场所或是租用相关场所。

1. 选择培训教室

（1）房间面积一定要足够大，但也不能太大，以免给人空荡荡的感觉，造成消极的学习情绪。

（2）在培训教室里一定要置留供书写和放置资料的工作区。

（3）检查培训教室是否有通风设备、是否运转良好，了解如何控制。

（4）要保证坐在后排的学员可以看清屏幕。

（5）检查邻近是否有干扰，比如其他培训班、工作人员办公室等（因为噪声会分散人的注意力，影响培训学习）。

（6）检查休息室、饮用水、茶点的状况。

（7）检查灯光、空调的使用情况和控制按钮。

2. 培训场所的布置

培训教室可用多种不同方式加以布置，主要考虑的因素是必须满足培训效果的要求，且使学员感到舒服。房间越具备灵活布置的可能性就越好。

（1）圈形布置。当培训内容安排需要以学员分组形式配合时，或是学员人数比较多，采用圈形的布置就比较好。这种形式便于让学员形成一个临时的团队来进行讨论、练习或游戏。不足之处是有的学员将背对着书写板或培训师,但培训师是可以走动的,所以可以减少这种不便。

(2) U形布置。如果培训内容是以培训师演讲为主,可以采用U形来布置培训现场。这时培训师可以走在U形的内圈来和每个学员进行有效沟通,培训师可以全面照顾到每个学员,学员之间也方便讨论和进行目光交流。

(3) 剧场形布置。剧场形是较常用的一种布置形式,尤其是进行一些人数较多的培训时。它的另外一种变形方式是将两组合并为一组。

这种形式对培训师和学员之间的沟通没什么影响,但对全体学员之间的沟通可能存在一些影响,因为学员之间的目光交流没有前两种方式那么方便,甚至会出现前排的学员挡住了坐在后面学员视线的情况。因此,在布置现场时,要慎用这种形式。

十二、准备培训设备

场地的租用和准备可能早已确定了,在开课之前,应当再次进行确认,尤其应当把所有培训可能用到的设施和器材一一试用,以保证它们的正常运行。应当指定一个场地设施的负责人,并保持和设备维护人员的联系,以应对培训过程中的突发情况。

通常,一个良好的培训室应包括下列设施设备及物品。

(1) 良好的通风设备。

(2) 电线配置插座。

(3) 若教室常用视听器材,则必须有窗帘遮光。

(4) 教室最好让每个学员有书写的桌子。

(5) 麦克风。

(6) 公布看板(栏)。

(7) 讲桌。

(8) 黑板或白板及各种颜色笔或粉笔。

(9) 投影仪。

(10) 银幕。

(11) 储藏箱。

(12) 学员所需的夹子、笔等。

十三、培训后期的管理

培训后期的管理工作包括以下方面。

1. 培训后的服务工作

培训结束后应对培训师的工作表示感谢,就培训工作征求培训师的意见,并将培训师的费用结清。如果有后续工作,应和培训师保持联系。

2. 学员考核

根据事先准备好的测试工具对学员进行测试考核。

3. 结业证书

如果有结业证书,则尽量安排发放仪式。为学员的合影、通讯录的制作等提供帮助。

4. 设备和场地整理

应安排专人对培训场地、培训使用过的器材进行整理、清洁，所有外租的场地和设施应办理相应的手续。对培训记录资料进行整理。

十四、整理培训记录及资料

决定今后的培训以及为企业人力资源部进行人员考核、晋升、奖惩提供重要依据。

1. 员工受训资料

员工受训后，人力资源部应将受训有关资料归入电脑人事档案处理，使其成为个人整体受训记录的组成部分，并可作为下列各项人事及培训措施决策的参考依据。

（1）个人职务调动。

（2）升迁。

（3）未来培训的方向、训练层次。

（4）年度考绩的评核标准。

（5）工作授权。

（6）行为及技术衡量的指标。

2. 培训中心资料

培训实施后，应安排人员将下述资料汇集。

（1）上课与报名人数。

（2）缺席人员及原因。

（3）培训评估的统计及分析。

（4）缺失的检讨与改进建议。

（5）测验或作业的结果。

（6）如有座谈会时，受训学员对组织者提的建议。

（7）受训资料的整理。

（8）培训总结记录。

3. 与培训相关的档案

（1）培训教师的教学及业绩档案。

（2）培训所用财物档案。

（3）培训工作往来单位的档案。

第五章
餐饮企业考勤、异动与绩效

☞ 第一节　餐饮企业员工考勤管理
☞ 第二节　餐饮企业员工异动管理
☞ 第三节　餐饮企业员工绩效考评

第一节 餐饮企业员工考勤管理

一、出勤时间与记录方法

一般而言,餐饮企业对员工的工作时间都有规定,如业务繁忙时应加班,因故未能出勤时则应请假。

1. 出勤时间

餐饮企业前厅部、安全部都是实行三班倒,餐饮部是早班和中班,营业时间一般是到晚上12时结束,另外如工程部等则需要有值班人员。

2. 出勤的记录方式

餐饮企业每日由各部门统计出勤状况,然后报到人力资源部汇总。出勤记录方式如图5-1、图5-2所示。

图5-1 指纹考勤机

图5-2 磁卡考勤机

二、缺勤管理

缺勤主要是指违反餐饮企业劳动纪律的迟到、早退和旷工以及正常的请假而不上班的现象。对缺勤应严格加以控制。如果缺勤的问题比较严重,则要认真加以分析,判断是哪种方式出现的频率大,其原因是什么,从而找出对策。

1. 迟到

因各餐饮企业的管理尺度不同,迟到所定的时间自然也不同。有的餐饮企业定在上班时间起,10分钟(含)至15分钟后才算迟到。不过,目前大多数餐饮企业将迟到时间定在5分钟(含)至15分钟后或30分钟内。

迟到的处罚也因餐饮企业而定。有的迟到一次记警告一次,多数餐饮企业则给予罚款处罚,以示警戒,一个月内不可以超过3次,否则以旷工论处。

2. 早退

早退的时间与迟到一样,餐饮企业一般根据自己的规章制定,提前5分钟(含)以上30分钟以内下班者,视为早退。

3. 旷工

旷工所定的时间标准，是在迟到或早退的时段以外的缺勤时间。旷工多以小时为单位，不足1小时以1小时计，超出1小时不足2小时的，以2小时计，依此类推。

4. 请假

从缺勤的角度来看，请假属于正常缺勤。不过，由于假别的不同，请假也有扣薪与给薪之分。如病假，可给半薪；工伤假给全薪并不扣全勤奖，年休假亦同；而丧假、婚假、产假虽然给薪，但却要扣全勤奖；事假则为无薪等。

对于缺勤中的这些细节，人力资源部要准确掌握，因为这关乎餐饮企业的管理，也关乎员工的工资，因此尺度稍微把握不好，就有可能影响考勤工作的严肃性，也有可能打击员工的积极性。

三、休假管理

一年365天当中，除出勤时间外，其余为休假日。

1. 餐饮企业的休假项

餐饮企业的休假包括下列数项：法定节假日、星期假日、请假日。但是由于餐饮企业属于服务行业，因此在休假管理中，会与其他行业的企业不一样。比如国庆是国家规定的法定节假日，但是往往国庆期间是餐饮企业的旺季，因此不会放假。所以，餐饮企业往往会采用轮休或淡季调休来进行协调。

2. 假别规定

员工因事不能出勤，必须按照规定请假。餐饮企业一般都会依自身的情况制定有关的"假别规定"。对于餐饮企业的假别规定，人力资源部应特别清楚，以便在处理员工请假及计算扣薪与给薪时有据可依，同时一定要要求请假人填写请假单，并按规定程序与手续办理请假事宜。

四、加班管理

正常上班8小时后，仍需继续工作而延长工作时间谓之加班。因为餐饮企业是特殊行业，因此在国家法定假日时餐饮企业是旺季，一般不会按时排休，都是轮休或闲时补休，餐饮企业要按照自身的人员情况来定。

1. 加班条件

加班不可随意，因为加班也是要付出成本的，如加班人员的工资、水费、电费、设备损耗费等，同时加班尤其是晚上加班有许多安全隐患，所以餐饮企业一般都会对加班加以控制。

2. 加班管理

（1）加班申请。加班应事先申请。一般而言，加班必须由直接主管填写加班申请单，经上级主管核准后，于下班前30分钟送人力资源部。

（2）加班汇总。人力资源部每日将各部门加班申请单汇总，计算出人均加班时数，并呈人力资源部经理和餐饮企业最高主管审核加班时数合理与否。

（3）加班打卡。加班的上下班都要打卡。一般正常班与加班要间隔30分钟，供加班员工用餐及休息。

（4）核对实际加班。人力资源部应该于次日上午，将各部门的加班申请单和出勤卡（或出勤资料）进行核对。餐饮企业员工多的，则先由各部门助理核对，经部门主管核认无误后，统一交人力资源部统筹，以此了解实际加班情形。若有申请加班而未加班者，应了解原因；若有未申请加班而加班者，应由其主管签名核认方可；加班期间人力资源部应该根据申请单进行抽点，以免有虚报加班的现象。

（5）加班津贴。加班费的计发方式，依《中华人民共和国劳动法》的规定，平时加班以平日工资的1.5倍计算，休息日以2倍计算，法定假日以3倍计算，至于加班时数的限定，则依餐饮企业性质的不同，参照《中华人民共和国劳动法》规定办理。

五、出差管理

出差管理的基本程序为：出差申请→出差审批→销差→差旅费核销。

1. 出差申请

在出差之前，出差者应填写出差申请单，出差的期限由出差人员所在部门主管视出差任务的需要，事先予以核定。出差者填写完出差申请单后应上交部门主管。

出差申请单上通常要注明以下内容：出差人姓名、出差时间、出差地点、出差任务、出差费用。

2. 出差审批

出差审批关键在于对出差审批权限的管理，出差的审批权限视出差人员的职位大小和出差时间长短而定。一般而言，餐饮企业部门经理或副经理以下的人员出差，时间若在1天以内（包括1天），由所在部门经理或副经理批准；时间若在1天以上，由总经理或副总经理批准。部门经理或副经理出差，一律由总经理批准。

出差申请单经审查批准后，可凭其填写借款（预支）单，到财务处办理借款（预支）手续。

3. 销差

出差结束后回到餐饮企业，出差者应立即到有关部门报到销差，并尽快写出详细的出差汇报，送有关领导审阅。

4. 差旅费核销

出差回来后4天内，出差人员应向财务处办理报销手续，逾期不报者，若无特殊理由，财务处有责任检查，并按相关规定予以处理。

各餐饮企业自身情况不同，其出差费用管理往往也有不同的形式，一般遵循以下5个原则。

（1）正常工作时间内出差，按平时薪金的标准报销。

（2）正常工作时间外出差，按加班费的标准报销。

（3）节假日出差，视具体情况计酬。

（4）出差行程中出现伤病情况，费用可以报销。

（5）没有正当原因而耽误出差行程，额外时间的费用一般不予报销。

第二节 餐饮企业员工异动管理

一、员工晋升

1. 晋升路线

通常,餐饮企业中员工的晋升路线是以工作分析为依据的。工作分析提供了每一职位所需具备的技能、经历、所受训练、职责及环境因素,通过对各种职位信息的比较,按照职位规范排列出每个职位变动的可能顺序。

(1)晋升等级。一般而言,餐饮企业会依照各职位性质,划分出职系,明确各职系的工作任务、工作内容、能力要求、培养方案。为了保持各职系之间的平衡,会在每一职系中根据能力要求的不同程度划分若干等级,使员工随着能力的变化晋升到更高等级的职位。

各职系的等级要求往往依据与工作相关的知识、技能、业务完成能力等,尽可能具体而实际地加以设定。

(2)每一职位的晋升路线。餐饮企业在确定每个职位的晋升路线时,一般会明确如图5-3所示的4点。

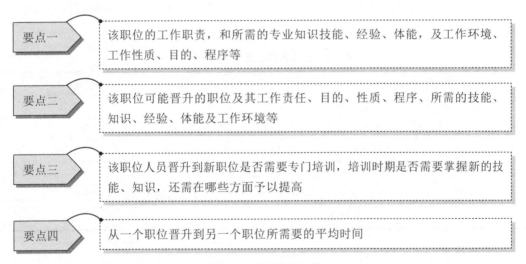

图5-3 确定晋升路线

2. 晋升程序

一般来说,员工晋升需要经过的程序,具体如图5-4所示。

图5-4 餐饮企业员工晋升程序

（1）提出晋升申请。由各部门主管具体负责，依据本部门的工作任务和发展计划，预测职业职位需求，对比现有人员供给，确定本部门职位空缺情况，提出晋升申请。

（2）审核与调整。人力资源部首先要分别审核各部门提出的晋升申请，具体如图5-5所示。

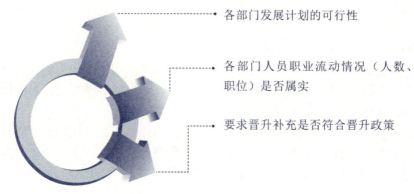

图5-5 审核与调整

在此基础上，综合分析各部门职位空缺情况，并进行横向的比较、平衡与调整。

（3）提出职位空缺报告。人力资源部提出职位空缺报告，报告应说明餐饮企业内部空缺职位的名称、空缺原因、空缺人员数量、候选人名单及情况介绍等。

（4）选择合适的晋升对象的方法。选择合适的晋升对象时，一定要以选拔标准作为判断的依据，具体见表5-1。

表5-1 选择合适的晋升对象的方法

序号	标准	具体方法
1	绩效	从工作完成的质量和数量两个方面进行考查
2	工作态度	评价候选人员工作上的努力程度、热情和进取精神
3	能力	综合考查候选人员与工作相关的技能
4	适应性	考查候选人员接受新环境与适应新环境的能力
5	人品	从个人的诚实性、勤勉性、容忍性、合作精神等多方面进行评价
6	资历	候选人员的服务年限和以往的工作经历

3.晋升对象

在了解了晋升的有关程序后，接下来就是选择晋升对象，而晋升对象的能力直接关系到餐饮企业未来的发展，所以要慎重对待。选择合适的晋升对象，具体方法见表5-2。

表5-2 晋升对象确定方法

序号	方法类别	具体操作
1	比较择优法	先列出考查项目（工作表现、态度、能力、资历等），进行对比分析，评出更为优秀者为晋升人选
2	主管人评定法	部门主管依据考查项目对晋升对象进行评定，考查项目视晋升职务或职位需要而定

续表

序号	方法类别	具体操作
3	升等考试法	凡在餐饮企业内服务达一定期限，且工作成绩优良者都具有晋升资格，有晋升资格的人需要参加升等考试，考试科目分两类：一类是普通科目，测验一般性知识；另一类是专业科目，测验与职务相关的专业知识，或者通过实地操作进行考试。 除此之外，还要参考工作绩效的得分，两者成绩相加（一般升等考试成绩占60%~70%，工作绩效成绩占30%~40%）为升等考试总成绩，分数高者为晋升人选
4	评价中心法	综合利用多种测评技术，对晋升候选人的个性、兴趣、职业倾向、特长、能力、管理潜力等进行综合评价，对其作全面了解，而后通过比较测评结果，选择出适当的晋升人员
5	综合法	多种选择晋升人员的方法予以综合，选拔出晋升者

4. 批准

批准和任命晋升人员要遵循以下程序。

（1）各级人员晋升由其所在部门提出申请，经餐饮企业人力资源部审核，报总经理或董事会批准。

（2）人力资源部将任职通知单送发本人。

（3）将有关文件存入人事档案。

二、员工降职审核权限

降职的审核权限，根据管理规则，一般按如图5-6所示的管理层次核定。

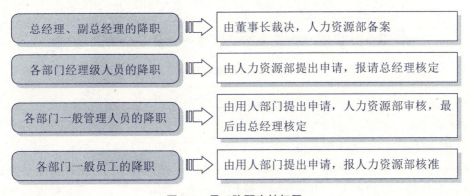

图5-6 员工降职审核权限

三、员工辞退

人力资源部的辞退管理主要是针对非管理人员、非专业人员终止合同。这一类人既不是管理者，也不是像工程师或会计师那样受过专业技术训练的人，通常是司机和服务员等。如果餐饮企业中有工会，则在劳动协议中会详尽地规定终止合同的程序。比如，在工作中饮酒可能会成为立即解雇的原因，但另一方面，多次旷工却要在经过主管3次书面警告后才能解雇。

辞退往往表示对员工过失行为的一种惩罚。一般而言,对无重大过失者,应尽量不使用辞退的手段,但出现下列情况,就应当对当事人予以辞退。

(1) 年终考核不及格,一年内记大过三次。
(2) 营私舞弊、挪用公款、受贿行贿、擅挪资金者。
(3) 玩忽职守、办事不力,有具体事实且情节严重者。
(4) 违抗命令擅自离开工作岗位者。
(5) 效仿上级主管签字或盗用餐饮企业公章者。
(6) 威胁主管、撕毁涂改餐饮企业文书者。
(7) 偷盗公物者。
(8) 在外兼营餐饮企业影响餐饮企业利益者。
(9) 违背国家法令或餐饮企业规章情节严重者。
(10) 造谣生事煽动闹事或怠工者。
(11) 其他危害餐饮企业权益有确凿证据经有关主管确认者。

四、员工辞职

辞职是根据员工本人意愿,与餐饮企业解除劳动合同,离开餐饮企业工作的行为。与晋升、辞退和降职不同,辞职是员工方面主动要求脱离现任职务的人才流动。

1. 离职管理程序

离职管理程序如图5-7所示。

图5-7 离职管理程序

(1) 辞职申请。明文规定员工应提前提交辞职的时间、辞职申请接收人和辞职申请的基本内容等。

(2) 挽留程序。接到辞职申请的直接主管应当与辞职员工进行沟通。对于工作称职、业绩良好的员工尽量进行挽留,并了解其辞职的原因,寻找解决的办法,从而减少餐饮企业因员工流失而造成的损失。如果直接主管挽留无效,则可由再上一级主管人员审核是否需要挽留并根据情况再进行挽留谈话。餐饮企业还可在批准离职前为员工提供收回辞呈的机会,以便最大限度地挽留人才。

(3) 辞职审批。经挽留无效或没有挽留必要的员工,可以进入辞职审批流程,按照餐饮企业组织程序进行审批。完成审批流程后,应将有关书面文件交人力资源管理部门确认。

(4) 工作交接。人力资源部收到书面审批文件后,通知有关部门主管安排进行辞职员工的工作交接。交接工作完成后,应由有关交接人员和负责人书面确认,方可视为交接完成。

（5）离职面谈。工作交接完成后，应由人力资源部或指定的负责人与辞职员工进行离职面谈，听取离职员工的建议、意见和看法。

（6）办理离职手续。离职面谈结束后，由人力资源部为辞职员工办理办公用品清点、出据工作证明、解除劳动关系和工资福利结算等手续，手续完成后，辞职员工方可正式离职。

2.为离职员工办理手续

在办理员工离职手续时，可以按照如图5-8所示的程序进行。

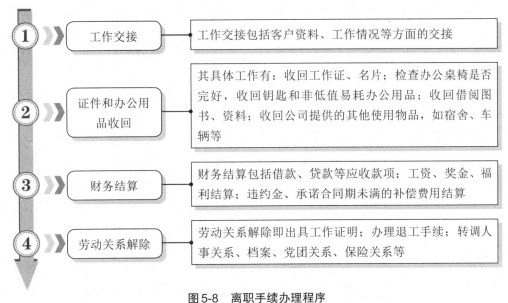

图5-8 离职手续办理程序

3.员工离职统计与分析

离职面谈是针对离职员工个体进行的调查工作，因此，得到的信息不免有偏颇之处，要了解员工整体的情况，对餐饮企业员工管理工作作出比较客观的评价，还要依靠员工离职统计和分析。

第三节 餐饮企业员工绩效考评

一、绩效指标设置步骤

1.要明确考核的对象

对象不同，则所制定的绩效指标也不相同。对一般员工的绩效指标是不同于主管绩效指标的，而以选拔为目的的绩效指标，也要区别于以人员配置为目的的绩效指标体系。

2.进行需求分析

绩效指标必须反映餐饮企业文化和理念的要求、岗位工作的要求、岗位职责的要求、员工发展的要求、员工适应性的要求。

3.正确指标的表述

指标的表述特别是注意保证不要引起评估者产生不同的理解，并由此对标准掌握不一而产生误差。此外还要把那些内容上有重复的指标删除掉，同时根据方便可测性的要求，反复斟酌，用较简便可测的指标去代替看似精确但可测性较差的指标。

4.量化绩效指标

绩效指标的量化主要包括权重、赋值两个方面。

（1）权重。权重即绩效指标在评估体系中的重要性或绩效指标在总分中所应占的比重，是每个绩效指标在整个指标体系中重要性的体现。各个绩效指标相对于不同的评估对象来说，会有不同的地位与作用，因此要根据不同的评估主体、不同的评估目的、不同的评估对象、不同的评估时期和不同的评估角度，以及各绩效指标对评估对象反映的不同程度，恰当地分配与确定不同的权重。

（2）赋值。赋值就是按照一定的标准，根据指标之间的差异程度，给每个指标赋予一定的分数。

5.预试检验修订

评估要素初步设计出来后，必须同绩效指标体系和计量体系相匹配，在小范围内试验，这叫量表预试。预试后应着重对要素进行分析、论证、检验并不断修订，或增减或合并，进一步充实和完善，最后形成一个客观、准确、可行的绩效指标体系，以保证大规模评估的可靠性和有效性。

二、关键绩效指标设置

餐饮企业关键绩效指标KPI（Key Process Indication）是通过对餐饮企业内部流程的输入端、输出端的关键参数进行设置、取样、计算、分析，衡量流程绩效的一种目标式量化管理指标。KPI可以使部门主管明确部门的主要责任，并以此为基础，明确部门人员的业绩衡量指标。建立明确的切实可行的KPI体系，是做好绩效考核的关键。

【范本】

餐饮经理绩效考核指标量表

被考核人姓名		职位	餐饮部经理	部门	餐饮部
考核人姓名		职位	总经理	部门	
序号	KPI指标	绩效目标值		权重	考核得分
1	餐饮营业额	考核期内餐饮营业额达到_____万元		15%	
2	部门GOP值	考核期内餐饮部GOP值达到_____万元		15%	
3	餐饮销售计划达成率	考核期内餐饮销售计划实现率达100%		15%	
4	餐饮经营成本节省率	考核期内餐饮经营成本得到有效控制，费用节省率达_____%以上		10%	

续表

序号	KPI指标	绩效目标值	权重	考核得分
5	菜品出新率	考核期内菜品出新率达_____%以上	10%	
6	客人投诉解决率	考核期内客人投诉解决率达100%	10%	
7	客人满意度	考核期内客人对餐饮服务满意度评价达到____分以上	10%	
8	设备设施完好率	考核期内设备设施完好率达_____%以上	5%	
9	卫生清洁达标率	考核期内卫生清洁达标率为100%	5%	
10	部门员工技能提升率	考核期内下属工作技能提升率达_____%以上	5%	
		本次考核总得分		
考核指标说明	（1）部门GOP值：部门营业总利润 （2）餐饮销售计划达成率=$\frac{实际完成的餐饮营业额}{计划完成的餐饮营业额}\times 100\%$ （3）部门员工技能提升率=$\frac{年末员工绩效考核得分-上一年度绩效考核得分}{上一年度绩效考核得分}\times 100\%$			
被考核人		考核人	复核人	

三、确定考核内容

餐饮企业绩效考核的内容主要包括业绩、能力和态度等方面。

1. 业绩考核

业绩考核就是对员工承担岗位工作的成果所进行的考核和评价。员工的业绩应该具有客观可比性，只有依靠业绩对员工进行评价，才有可能是公平的或公正的。业绩考核的项目与重点见表5-3。

表5-3 业绩考核项目与重点

考核项目	重点考察内容
任务完成	是否以餐饮企业的战略方针为准则，依照计划目标将业务完成，使其成果的质与量均达到标准
工作质量	业务处理的过程或成果是否正确，是否都达到了标准
工作数量	规定期间内的业务处理量或数额是否达到标准或计划内要求的水平，工作的速度或时效的把握情况如何

对餐饮企业来说，希望每一个员工都能为餐饮企业的经营目标做出贡献，对每个员工来说，也都希望自己的业绩得到公正、公平的评价，自己的贡献得到餐饮企业的认可。因此，就需要对员工的业绩进行考核，并通过考核掌握员工的价值以及对餐饮企业贡献的大小。实际上，一个员工对餐饮企业贡献的大小，不单纯取决于其所承担任务的完成状况，

还必须对工作业绩以外的内容进行考核,即对餐饮企业员工的综合素质以及对餐饮企业的贡献作出正确评价,否则难以实现绩效管理的目标。

2.能力考核

能力考核就是对员工所具有的、与绩效相关的能力进行的评价。能力是绩效的前提,一般情况下,具有较高能力的员工,更有可能创造较高的绩效。对一家餐饮企业来说,不仅要追求现实的效率,希望现有岗位上的员工能充分发挥每个人的特长和能力,还要追求未来可能的效率,将有能力的人提升到更高一级或更重要的岗位上去,从而调动全员的积极性。可以说,能力考核是一种有效的培训和激励的手段。能力考核项目和重点见表5-4。

表5-4　能力考核项目和重点

考核项目	重点考察内容
经验阅历	经验阅历如何;知识与经验丰富的程度如何;对外界事物分析、判断、理解的能力如何;目光是否远大
知识	所需专业知识、相关知识和社会常识的掌握程度
技能熟练程度	执行本岗位工作的技能熟练程度、感知力、识别力、耐力要求
判断力	以正确的知识、技能、经验为依据;准确把握事物的现状;及时作出正确的结论;随机应变地采取相应对策的能力及程度
理解力	以知识、经验为依据,把握工作中发生的事情的本质,能充分理解其内容,以致对将来可能发生的变化,有从容应对的能力及其程度
创新能力	经常保持不断探索的心态;灵活运用业务上的知识经验并能改进业务;对业务的发展有自己独到的见解和创意的能力及其程度
改善力	能面对目前的有关问题,研究改善、提升效率或创造新的业务处理方式,以及采用何种手段、方法等思维能力及其程度
企划力	能对餐饮企业发生的事件进行综合分析,并在理论上找到依据,使其系统化;对实现工作目标,提出具体的对策和计划的能力及程度

3.态度考核

一般来说,能力越强,业绩就可能越好。可是在餐饮企业中常常见到这样一种现象:一个员工能力很强,但出工不出力,而另一个员工能力虽然不强,但兢兢业业,干活很勤快。两种不同的工作态度,就产生了截然不同的工作结果,这与能力无直接关系,而与工作态度密切相关,所以,需要对员工的工作态度进行考核,餐饮企业不能容忍缺乏干劲和工作热情的员工。态度考核的项目和重点见表5-5。

表5-5　态度考核项目和重点

考核项目	重点考察内容
积极性	是否经常主动地完成各种工作;不用指示或命令,也能自主自发地努力工作、不断改善工作方法
热忱	是否在工作时,以高度的热忱面对挑战,认真且努力工作,表现出不达目的绝不罢休的态度

续表

考核项目	重点考察内容
责任感	是否能自觉地尽职尽责工作,在执行任务时,无论遇到何种困难都能不屈不挠、永不停止;对自己或下属的工作或行为,能自始至终地表现出负责的态度
纪律性	是否遵守餐饮企业的规章制度或上司的指示;忠于职守,表里一致;有序地进行工作
独立性	是否在职权范围之内,能进行自我管理,不依赖上级或同事,能依据准确的判断,正确地处理业务
协调性	是否能协调好上下级、同级以及与外界的关系,并能创造和谐的工作环境,圆满完成指派的工作

四、确定考核方式

在确定考核目标、对象、标准后,就要选择相应的考核方法。常用的考核方法有以下8种。

1. 业绩评定表

业绩评定表就是将各种考核因素分为优秀、良好、合格、稍差、不合格(或其他相应等级)进行评定。

(1)优点:简便、快捷,易于量化。

(2)缺点:容易出现主观偏差和趋中误差;等级宽泛,难以把握尺度;大多数人高度集中于某一等级。

2. 工作标准法

把员工的工作与餐饮企业制定的工作标准相对照,以确定员工业绩。

(1)优点:参照标准明确,考核结果易于做出。

(2)缺点:标准制定,特别是针对管理层的工作标准制定难度较大,缺乏可量化衡量的指标;此外,工作标准法只考虑工作结果,对那些影响工作结果的因素不加以反映,如领导决策失误、生产线其他环节出错等。

目前,此方法一般与其他方法一起使用。

3. 强迫选择法

考核者必须从3~4个描述员工在某一方面的工作表现的选项中选择一个(有时两个)选项。

(1)优点:用来描述员工工作表现的语句,并不直接包含明显的积极或消极内容,考核者并不知考核结果的高低。

(2)缺点:考核者会试图猜想人力资源部门提供选项的倾向性;此外,由于难以把握每一选项的积极或消极成分,因而得出的数据难以在其他管理活动中应用。

4. 排序法

把一定范围内的员工按照某一标准,由高到低进行排列的一种绩效考核方法。

(1)优点:简便易行,完全避免趋中或严格(宽松)的误差。

（2）缺点：标准单一，不同部门或岗位之间难以比较。

5.硬性分布

将限定范围内的员工按照某一概率分布划分到有限数量的几种类型上的一种方法。比如，假定员工工作表现大致服从正态分布，评价者按预先确定的概率（比如共分五个类型，优秀占5%、良好占15%、合格占60%、稍差占15%、不合格占5%）把员工划分到不同类型中。

（1）优点：有效地减少了趋中或严格（宽松）的误差。

（2）缺点：假设不符合实际，各部门中不同类型员工的概率不可能一致。

6.关键事件法

指那些对部门效益产生重大积极或消极影响的行为。在关键事件法中，管理者要将员工在考核期间内所有的关键事件都真实地记录下来。

（1）优点：针对性强，结论不易受主观因素的影响。

（2）缺点：基层工作量大，另外要求管理者在记录中不能带有主观意愿，在实际操作中往往难以做到。

7.叙述法

考核者以一篇简洁的记叙文的形式来描述员工的业绩。这种方法集中描述员工在工作中的突出行为，而不是每天的业绩。

（1）优点：简单，是一种较好的考核方法。

（2）缺点：考核结果在很大程度上，取决于考核者的主观意愿和文字水平，此外由于没有统一的标准，不同员工之间的考核结果难以比较。

8.目标管理法

目标管理法是当前比较流行的一种绩效考核方法，其基本程序如图5-9所示。

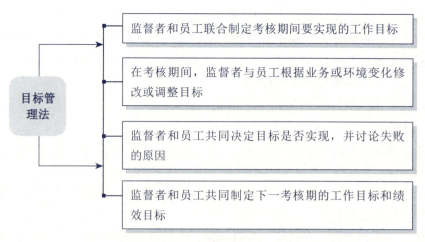

图5-9　目标管理法

目标管理法的特点在于绩效考核人的作用从法官转换为顾问和促进者，员工的作用也从消极的旁观者转换为积极的参与者，这使员工增强了满足感和工作的自觉性，能够以一种更积极、主动的态度投入工作，促进工作目标和绩效目标的实现。

五、确定考核者

不同考核对象和目的，应该有不同的考核评定者。一般的考核者，主要包括如图5-10所示的8类。

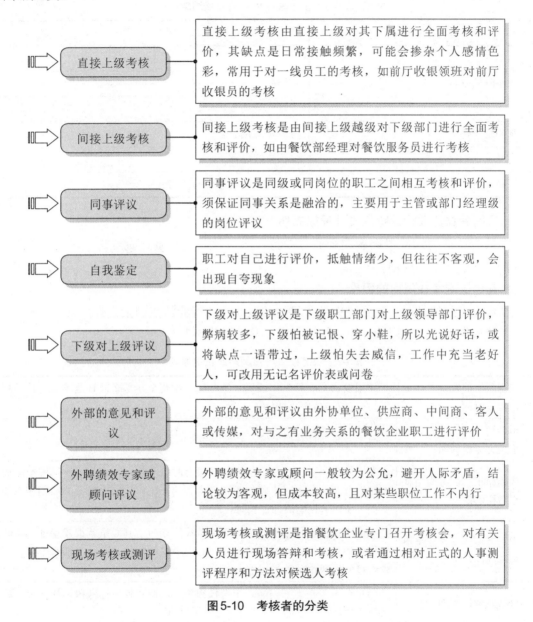

图5-10 考核者的分类

六、确定考核时间周期

所谓考核的周期，简单地说，就是多长时间举行一次考核。一般来说，在设计考核周期时，要考虑一些重要因素，如考核目的、考核对象的职务、奖金发放的周期等。只有综合考虑到各类因素，才能设计出符合餐饮企业实际的考核周期。

1.不同的考核目的决定考核周期

绩效考核的周期是指员工接受绩效考核的间隔时间。事实上,决定考核周期最主要的因素是考核目的,具体见表5-6。

表5-6 基于考核目的的考核周期

考评目的	考核周期
绩效薪酬的发放	一年
	一季
	一月
核查奖励资格	与奖励周期一致
能力开发、调动配置	按年连续考评
续签聘用合同	在合同期限内综合每年考评

2.根据餐饮企业行业特点设计考核周期

绩效考核的周期应根据餐饮企业行业特点来设计。一般餐饮企业进行绩效考核是以周、月、季度、年为周期。

3.其他决定考核周期的因素

在设计考核周期时,除了考虑考核目的和餐饮企业行业特点因素之外,其他一些因素也对考核周期的设计有影响,也应加以考虑,具体见表5-7。

表5-7 决定绩效考核周期的相关原则

根据薪酬的发放周期来决定考核周期	如果餐饮企业每半年或每一年分配一次奖金,那么最好是绩效考核的周期与奖金发放的时间相对应
根据绩效目标的完成周期来决定考核周期	对于一些项目管理来说,要根据项目的完成周期考核
根据职工的职务类型来决定考核周期	对于操作类员工,他们的绩效结果有时当天就可以看到,所以考核的周期相对要短一些;对于管理类和技术类的员工,他们出成果的周期相对长一些,所以考核的周期也相对长一些
根据考核的工作量来决定考核周期	如果考核的工作量非常大,那么考核周期短,其质量就很难保证,这时考核的周期就应该相对长;反之,如果考核的工作量不大,那么就可以考虑考核的周期相对短一些
分散式考核周期	当每个员工在本部门满一个考核周期时,即对他进行考核,如此员工的绩效考核就分散到部门主管平时的工作中了

七、公布考核方案

为了让全体员工清晰考核的程序与作用,因此在考核前必须公布考核方案。考核方案必须包括以下内容。

(1)考核的内容。

（2）考核的标准。
（3）考核的目的。
（4）考核的流程。

八、收集考核信息

1. 绩效信息的主要内容

通常来说，收集的绩效信息的内容如下。
（1）工作目标或任务完成情况的信息。
（2）来自客户积极的和消极的反馈信息。
（3）工作绩效突出的行为表现。
（4）绩效有问题的行为表现等。

2. 绩效考核信息收集作业指导书

为规范绩效考核信息的收集工作，可事先制定作业指导书，用以指导相关人员的收集作业。作业指导书须包括作业内容、责任人、记录表单、相关流程等内容。

九、开展绩效沟通

无论是从员工的角度，还是从管理者的角度，都需要在绩效实施的过程中进行持续的沟通，因为每个人都需要从中获得对自己有帮助的信息。

绩效沟通的主要内容如下。
（1）工作的进展情况怎么样。
（2）员工和团队是否在正确地达成目标和绩效标准的轨道上运行。
（3）哪些方面的工作进展得好、哪些方面遇到了困难或障碍。
（4）面对目前的情境，要对工作目标和达成目标的行动作出哪些调整。
（5）如果有偏离方向的趋势，应该采取什么样的行动扭转这种局面。
（6）管理人员可以采取哪些行动来支持员工。

十、绩效反馈面谈

整个面谈的过程中，也需要事先做好计划，计划的内容包括面谈的过程大致包括哪几部分；要谈哪些内容，这些内容的先后顺序如何安排；各个部分所花费的时间大致是怎样的等。

十一、绩效考核结果

在考核过程中会有以下三种类型的结论。

1. 优秀

面对越优秀的人才越要冷静对待。跟他面谈也好，做心理测评也好，本着对公司负责任的原则，一定要在他真正具备管理才能的时候才能提升他。

2."满意"者

考核得"满意"者的人数应该占考核总人数的一半。他们大都工作平平，一般都是可以通过考核的。那么如何对待考核得"满意"的员工呢？升职、加薪、表扬等，全都可以。当餐饮企业处于特别缺乏人才的情况时或者处于突飞猛进的情况下，在管理职位缺少人才时，可以从这批考核为"满意"的人中抽出几个直接提升到经理职位。

3."不满意"者

这种情况的处理相对来说比较干净利落，可以采取降薪、扣奖金、降职、轮换到别的岗位上去、离职等处理方法。

第六章
餐饮企业员工的薪酬与福利

☞ 第一节　餐饮企业员工薪酬管理
☞ 第二节　餐饮企业员工保险福利管理

第一节 餐饮企业员工薪酬管理

一、餐饮企业薪酬主要内容

一般而言，餐饮企业的薪酬结构都是多元化的，这些多元化的构成包括岗位工资、加班工资、绩效工资、福利津贴等。很多餐饮企业甚至将它划得很细，包含多个层次及多个项目。每家餐饮企业对薪酬概念的理解不同，对薪酬构成的划分也不尽相同。一般来说，餐饮企业的薪酬构成没有对错之分，只有优劣之分。餐饮企业的薪酬构成一般包含2～4个层次，具体如图6-1所示。

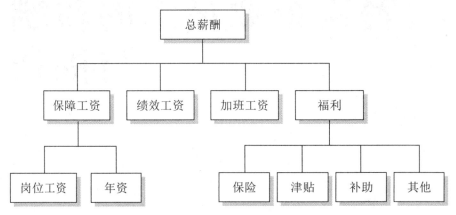

图6-1　餐饮企业薪酬构成

1. 岗位工资

岗位工资是员工薪酬构成中最基本也是最重要的单元，岗位工资是确定其他工资的基础。一般来说，绩效工资、加班工资等都是以岗位工资为基础来进行计算的。

通常来讲，岗位工资是相对稳定的，这种稳定会维持2～3年或者更长的时间，维持岗位工资的稳定有助于餐饮企业薪酬总额的控制及日常薪酬管理。

2. 年资

年龄工资（简称年资）是指随着员工工作年限增长而变动的薪酬部分。年资是对长期工作人员的一种报酬奖励形式，其目的是承认员工以往劳动的积累，激励他们长期为餐饮企业工作。年资是薪酬结构的辅助单元，一般餐饮企业年资的设计也比较简单，通常采用递增法来设计。

3. 绩效工资

绩效管理是人力资源管理活动中一个非常重要和基础的工具。现代绩效管理正在朝着管理人、激励人不断创造优秀业绩的方向发展。绩效管理已经演变为一门科学，越来越多的餐饮企业正在引入绩效管理系统。绩效管理这一科学的管理工具也发挥着越来越重要的作用。绩效管理的方法不同，绩效工资的计算方法也将有所区别，餐饮企业可根据实际情况选择有效的绩效管理方法。

4. 加班工资

一般在法定节假日和公休日内进行工作，称为加班；在标准工作日内的标准工作时间外进行工作，称为加点。但习惯把加班和加点统称为加班。加班加点工资是指因加班加点而支付的工资。

5. 福利

良好的福利对餐饮企业发展的意义非常重要：一方面可以吸引外部的优秀人才；另一方面还可增加餐饮企业凝聚力、提高员工士气。许多餐饮企业越来越清晰地认识到，良好的福利有时比高工资更加有效。

二、餐饮企业薪酬设计方法

薪酬结构设计就是对建立起来的职位等级和技能等级进行定价的过程，因此，一个规范的薪酬结构设计需要从两个维度进行考察：一是如何形成职位等级（是否采用工作评价法）；二是如何确定薪酬水平（是否采用市场薪酬调查）。据此将薪酬结构设计的基本方法分为四类，具体见表6-1。

表6-1 薪酬结构设计的基本方法

薪酬 \ 评价方法		职位等级的确定	
		工作评价方法	非工作评价方法
薪酬水平确定	市场薪酬调查	基准职位定价法	直接定价法
	非市场薪酬调查	设定工资调整法	当前工资调整法

1. 基准职位定价法

基准职位定价法即利用基准职位的市场薪酬水平和基准职位的工作评价结果建立薪酬政策线，进而确定薪酬结构。这种方法能够较好地兼顾薪酬的外部竞争性和内部一致性原则，在比较规范与市场相关性强的餐饮企业的薪酬结构中应用比较广泛。

2. 直接定价法

直接定价法即餐饮企业内所有职位的薪酬完全由外部市场决定，根据外部市场各职位的薪酬水平直接建立餐饮企业内部的薪酬结构。这是一种完全市场导向型薪酬结构的设计方法，体现了外部竞争性。但该方法忽略了内部一致性，比较适合于市场驱动型餐饮企业，其员工的获取及薪酬水平的确定直接与市场挂钩。

3. 设定工资调整法

设定工资调整法即餐饮企业根据经营状况自行设定基准职位的薪酬标准，然后再根据工作评价结果设计薪酬结构。这种薪酬结构的设计比较重视内部一致性原则，但忽略了外部竞争性，比较适合与劳动力市场接轨程度较低的组织。

4. 当前工资调整法

当前工资调整法即在当前工资的基础上对原餐饮企业薪酬结构进行调整或再设计。薪酬结构调整的本质是对员工利益的再分配，这种调整将服从于餐饮企业内部管理的需要。

5. 福利

为员工创造良好的福利津贴是餐饮企业以人为本经营思想的重要体现，也是政府一直所大力提倡的。

福利从性质上分为强制性福利和非强制性福利两种；从员工属性上又可分为个人福利和公共福利两种。

（1）强制性个人福利是指国家法律法规明确规定的各种福利，包括养老保险、失业保险、医疗保险和工伤保险等。

（2）非强制性个人经济福利是各家餐饮企业为充分调动员工的积极性而主动设置的一些激励项目，餐饮企业向员工提供个人经济福利与员工的层级和职位有关，但大多数员工都可享有其中一项或多项，这些项目包括住房津贴、交通津贴、电话津贴、养老保险、餐费津贴和各种节假日的过节费等。

三、餐饮企业薪酬设计原则

1. 一致原则

一致原则也称公平原则，是指薪酬结构与组织层次、职位设计之间形成的对等、协调关系。具体而言，在职位薪酬结构的设计中，需要贯彻与职位价值相一致的原则；在技能薪酬结构的设计中，需要贯彻与员工能力价值相一致的原则。因为公平是薪酬系统的基础，只有在员工认为薪酬系统是公平的前提下，才可能产生认同感和满意度，才可能产生薪酬的激励作用。

员工对公平的感受通常包括五个方面的内容。

（1）与外部其他类似餐饮企业（或类似岗位）相比较所产生的感受。

（2）员工对本餐饮企业薪酬系统分配机制和人才价值取向的感受。

（3）将个人薪酬与餐饮企业其他类似职位（或类似工作量的人）的薪酬相比较所产生的感受。

（4）对餐饮企业薪酬制度执行过程的严格性、公正性和公开性所产生的感受。

（5）对最终获得薪酬多少的感受。

当员工对薪酬系统感觉公平时，会受到良好的激励并保持旺盛的斗志和工作积极性。当员工对薪酬系统感觉不公平时，通常会采取一些消极的应对措施，比如对工作的投入感和责任心降低、不再珍惜这份工作、对餐饮企业的印象变差、寻找低层次的比较对象以求暂时的心理平衡、辞职等。

2. 竞争原则

餐饮企业想要获得具有真正竞争力的优秀人才，必须要制定出一套对人才具有吸引力并在行业中具有竞争力的薪酬系统。如果餐饮企业制定的薪资水平太低，那么必然在与其他餐饮企业的人才竞争中处于劣势地位，甚至连本餐饮企业的优秀人才也会流失。那么，什么样的薪酬系统才具有竞争力呢？除较高的薪资水平和正确的薪酬价值取向外，灵活多元化的薪酬结构也越来越引起了人们的兴趣。

3. 激励原则

一个科学合理的薪酬系统对员工的激励是最持久也是最根本的，因为科学合理的薪酬系统,解决了人力资源所有问题中最根本的分配问题。

简单的高薪并不能有效地激励员工,一个能让员工(或团队)有效发挥自身能力和责任的机制、一个能让餐饮企业在员工努力之下变得欣欣向荣的机制、一个努力越多回报就越多的机制、一个不努力就只有很少回报甚至没有回报的机制、一个按"绩效"分配而不是按"劳动"分配的机制,才能有效地激励员工,也只有建立在这种机制之上的薪酬系统,才能真正解决餐饮企业的激励问题。

4.经济原则

经济原则在表面上与竞争原则和激励原则是相互对立和矛盾的——竞争原则和激励原则提供较高的薪资水平,而经济原则提倡较低的薪资水平。但实际上三者并不对立也不矛盾,而是统一的。

当三个原则同时作用于餐饮企业的薪酬系统时,竞争原则和激励原则就受到经济原则的制约。这时餐饮企业管理者所考虑的因素就不仅仅是薪酬系统的吸引力和激励性了,还会考虑餐饮企业承受能力的大小、利润的合理积累等问题。经济原则的另一方面是要合理配置劳动力资源,当劳动力资源数量过剩或配置过高,都会导致餐饮企业薪酬的浪费。

5.合法原则

薪酬系统的合法性是必不可少的,合法是建立在遵守国家相关政策、法律法规和餐饮企业一系列管理制度基础之上的合法。如果餐饮企业的薪酬系统与现行的国家政策和法律法规、餐饮企业管理制度不相符合,则餐饮企业应该迅速地进行改进以具有合法性。

四、餐饮企业薪酬预算

1.薪酬预算环境分析

(1)薪酬预算的内部环境分析。薪酬预算的内部环境分析有两个重点:历史薪酬增长率情况和餐饮企业当前薪酬支付能力。

——历史薪酬增长率。餐饮企业必须保持历史薪酬增长率的稳定性,以减少因为薪酬预算不稳定而给餐饮企业财务带来的冲击。薪酬增长率的计算公式为:

$$年度薪酬增长率 = \frac{年末平均薪酬 - 年初平均薪酬}{年初平均薪酬} \times 100\%$$

——餐饮企业薪酬支付能力。餐饮企业薪酬支付能力源于餐饮企业经济附加价值和劳动分配率情况。餐饮企业附加价值越高,薪酬支付能力就越高;劳动分配率越高,薪酬支付能力也越高。附加价值的计算方法有两种。

扣除法:

附加价值=销售额-外购部分=销售额-(直接原材料+购入零配件+外包加工费+间接材料)

相加法:

附加价值=利润+人工成本+财务费用+租金+税金+红利+内部留存收益+折旧

$$附加价值率 = \frac{附加价值}{销售额} \times 100\%$$

$$附加价值增长率 = \frac{年末附加价值率 - 年初附加价值率}{年初附加价值率} \times 100\%$$

$$平均每人附加价值增长率 = \frac{附加价值增长率}{本年平均人数} \times 100\%$$

$$劳动分配率 = \frac{人工成本}{附加价值} \times 100\%$$

（2）薪酬预算的外部环境分析。在进行薪酬预算时，特别是确定餐饮企业人均工资水平的增长幅度时，应着重考虑以下外部因素的影响。

——经济成长情况。宏观经济成长与社会成员的收入及消费之间是一种相互促进的关系，即国民经济发展越快，社会可以给个体提供的生活产品越丰富，个人生活的消费预算也就越高。因此，经济成长情况将直接影响餐饮企业薪酬预算。

——劳动力市场的供求状况。当劳动力市场供过于求时，餐饮企业可以相对容易地获得理想的员工，支付的工资水平也相对较低；而当劳动力市场供小于求时，人力资源属于稀缺资源，要吸引优秀的人才，餐饮企业必须提高工资水平，付出更大的成本。

——生活成本。餐饮企业的工资水平应与生活成本相联系，随着生活成本的提高，工资水平也应该相应提高。消费者物价指数（CPI）一般被当成衡量生活成本的指标，它的变化会对餐饮企业工资水平产生影响。

2. 薪酬预算方法

一般来说，薪酬预算的方法有两种：一种是从下而上法；另一种是从上而下法。名称虽然很普通，但却形象地反映了两种方法各自的特点。

（1）从下而上法。顾名思义，"下"指员工，"上"指各级部门，以至餐饮企业整体。从下而上法是指从餐饮企业的每个员工在未来一年薪酬的预算估计数字，计算出整个部门所需要的薪酬支出，然后汇集所有部门的预算数字，编制餐饮企业整体的薪酬预算，具体如图6-2所示。

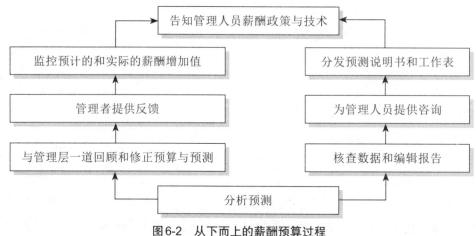

图6-2 从下而上的薪酬预算过程

通常，从下而上的方法比较实际，且可行性较高。部门主管只需按餐饮企业的既定加薪准则，如按绩效加薪、按年资或消费品物价指数的变化情况等调整薪酬，分别计算出每一个员工的增薪幅度及应得的薪酬额，然后计算出每一部门在薪酬方面的预算支出，再呈交给高层的管理人员审核和批准，一经通过，便可以着手编制预算报告。

（2）从上而下法。与从下而上法相对照，从上而下法是指先由餐饮企业的高层主管决定餐饮企业整体的薪酬预算额和增薪的数额，然后再将整个预算数目分配到每一个部门，各部门按照所分配的预算数额，根据本部门内部的实际情况，将数额分配到每一个员工。

一般来说，从下而上法不易控制总体的人工成本，而从上而下法虽然可以控制住总体的薪酬水平，却使预算缺乏灵活性，而且确定薪酬总额时主观因素过多，降低了预算的准确性，不利于调动员工的积极性。

——劳动分配率基准法。利用劳动分配率基准法计算合理人工成本支付限额的公式为：

$$预算的劳动分配率 = \frac{一年人工成本预算}{一年人工成本预算 + 一年固定费用预算 + 一年必得利益} \times 100\%$$

平衡点劳动分配率即在餐饮企业无损益的情况下的人工成本支付。

$$平衡点劳动分配率 = \frac{人工成本}{人工成本 + 固定费用} \times 100\%$$

当实际的劳动分配率低于平衡点劳动分配率时，餐饮企业处于财务安全状态。因此，餐饮企业当时预算的劳动分配率会低于平衡点劳动分配率。

——销售净额基准法。销售净额基准法即根据实际人工费比率、本年平均人数、上年度平均薪酬和计划平均薪酬增长率，求出本年目标销售额，并以此作为本年最低销售净额。计算公式为：

$$人工费比率 = \frac{人工成本}{销售额}$$

目标人工成本 = 本年平均人数 × 上年度平均薪酬 × （1+计划平均薪酬增长率）

$$目标销售率 = \frac{目标人工成本}{人工费比率}$$

有时因为竞争激烈，餐饮企业在销售额上没有上升空间，这需要在预计销售收入的情况下进行薪酬预算。其过程如下：

$$经营所需人数 = \frac{年度人工费用预算支付限额}{调薪后平均人工成本}$$

$$= 计划附加价值 × 合理劳动分配率 × \frac{预计销售收入}{现在平均人工成本 × （1+计划调薪率）}$$

当现有人数大于经营所需人数时，可考虑降低薪酬成本或裁员。从这个角度来看，销售净额基准法也是一种人力资源规划的措施。

（3）损益平衡点法。利用损益平衡点法计算人工成本的支付限额的公式为：

$$人工成本的支付限额 = \frac{人工成本}{损益平衡点的销售收入} \times 100\%$$

损益平衡点，也称为损益分歧点，是指在单价产品价格一定的情况下，与产品制造、销售及管理费用相等的收益额，或者说达到一定销售收入的产品销售数量。因此，损益平衡点可以概括为餐饮企业利润为零时的销售额或销售量。损益平衡点的计算方法为：

$$损益平衡点 = \frac{固定费用}{附加价值率或边际利益率}$$

固定费用 = 销售费用及一般管理费 + 折旧费用 + 营业外支出

比如，A餐饮企业的固定费用为5000万元，人工成本为3000万元，边际利益率为40%，则其人工成本支付限额的计算方法为：

$$损益平衡点 = \frac{5000}{40\%} = 12500（万元）$$

$$人工成本的支付限额 = \frac{3000}{12500} \times 100\% = 24\%$$

五、餐饮企业薪酬调整

1. 薪酬调整目标

简单而言，餐饮企业薪酬调整有三个目标。
（1）对内更加具有公平性，对外更加具有竞争力。
（2）员工薪酬满意度提高。
（3）管理更加便利和有效。

2. 薪酬调整步骤

（1）调整前的准备。调整前的准备主要是了解餐饮企业内部与外部的薪酬管理方面的信息，包括三点，具体如图6-3所示。

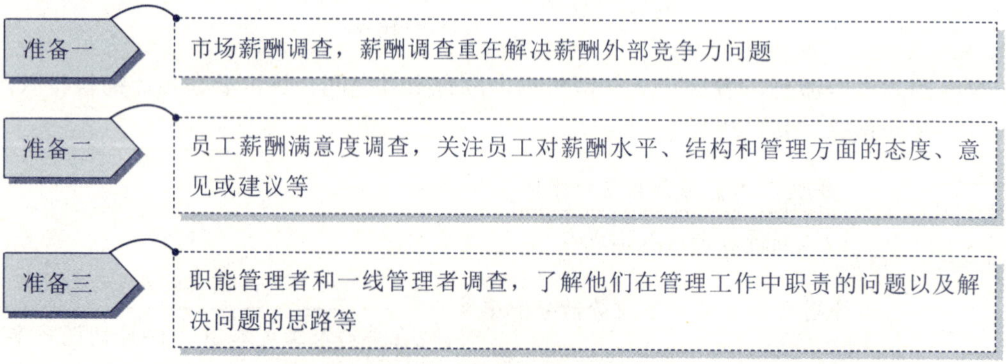

准备一	市场薪酬调查，薪酬调查重在解决薪酬外部竞争力问题
准备二	员工薪酬满意度调查，关注员工对薪酬水平、结构和管理方面的态度、意见或建议等
准备三	职能管理者和一线管理者调查，了解他们在管理工作中职责的问题以及解决问题的思路等

图6-3 薪酬调整前的准备

（2）调整实施过程。薪酬调整的实施主要分为四步，具体如图6-4所示。

 及时的沟通、必要的宣传或培训是保证薪酬改革成功的因素之一，薪酬管理部门应向员工充分介绍公司薪酬调整的依据、意义与目的

 在广泛征求意见的基础上设计一个完整的、科学的、切实可行的薪酬调整方案

 选择薪酬调整的方式和步骤，如谁来调整、如何调整等

 薪酬调整是一个涉及诸多方面和多个利益相关者的过程，在调整实施过程中，必须谨慎对待，多方协调和相互配合

图6-4　薪酬调整的实施步骤

（3）调整后的反馈。调整之后，应该将调整过程的信息及时反馈，以便发现问题并及时解决，确保调整目标的顺利实现。此外，应该对调整目标的达成情况进行正式评估，特别是在将薪酬调整作为管理改进项目并委托第三方承担的情况下，更应该注重项目的质量和运行效果。

3.薪酬调整方式

（1）薪酬水平调整。

——薪酬水平调整的条件。除了正常的加薪外，薪酬水平的调整一般是基于条件的变化，具体见表6-2。

表6-2　薪酬水平调整的条件

条件	内容	备注
基于市场变化的调薪	薪酬水平调整的实质是薪酬标准的调整，主要是参考市场薪酬率的变动，以适应餐饮企业外部竞争力的需要	基于市场的薪酬水平调整的直接原因主要有两个：一是薪酬市场的变化；二是物价指数的变化
基于工作表现的调薪	为了鼓励绩效好的员工，餐饮企业会对部分员工的薪酬水平进行调整	在这种情况下，绩效较差或业绩平平的员工就不在薪酬调整的范围之内了
基于能力需求的调薪	公司认可的与工作相关的能力也会给员工带来调薪的机会	为了满足对一些急需专业技能的需求，餐饮企业会在岗位和职务不发生变动的情况下，给具有这些技能的员工增加薪酬

——薪酬水平调整的类型，具体见表6-3。

表6-3　薪酬水平调整的类型

类别	适用范围
奖励性调整	主要针对员工的优良业绩进行奖励，目标是为了激励员工做出有益于餐饮企业的行为

续表

类别		适用范围
补偿性调整	等比式调整	让薪酬偏低的员工感到更不公平，但它却保持了薪酬结构内在的相对级差，使薪酬政策线的斜率统一变化
	等额式调整	所有员工按平均工资率等幅调升，这将导致薪酬级差比缩小、薪酬结构改变
	工资指数化	使得员工的实际工资收入等于工资指数与最低生活费的乘积
效益性调整		餐饮企业效益好时，对全部员工的薪酬进行普遍调整，效益欠佳时，再将其调回
工龄性调整		通过绘制成熟曲线图，可以将单纯的工龄工资调整为工龄与绩效相结合的形式

（2）薪酬结构调整。由于劳动力市场供求关系的不断变化，餐饮企业需要定期对餐饮企业内部员工的工资进行结构性调整，主要是对工资标准和工资等级进行调整。

——调整薪酬标准和工资率。将工资类别由原来的十几个减少到三五个，而每种工资类别则包含着较多的工资等级和工资标准，且各类工资标准交叉运用。餐饮企业的这种薪酬调整方式随着知识经济的发展，对员工的激励作用更大，也比较适合实行弹性工资制和绩效工资制。

——降低或提升高薪员工的地位。在餐饮企业经营过程中，由于餐饮企业政策的转变，往往要对高薪员工的工资进行调整。比如，餐饮企业如果想降低薪酬成本，往往需要调整高薪人员的比例。因为一方面一个高级管理人员的薪酬，往往是低级员工的十倍、数十倍，甚至上百倍；另一方面，由于高级人才对餐饮企业的稳定和发展有举足轻重的作用，吸引和留住高级人才对餐饮企业十分重要，因此也有很多餐饮企业不断提高高级管理人员的待遇，以加强餐饮企业的人才竞争力。

六、餐饮企业薪酬改进

在传统的薪酬体系中，员工的薪酬水平主要取决于学历、工龄、职位等因素，这是一种片面的做法，难以全方位满足薪酬管理的要求。在实际工作中，既要考虑职务与工作者的性质，又要考虑人力资源投入方式，更要考虑薪酬分配如何与员工的业绩挂钩。衡量一家餐饮企业的薪酬管理体系是否完整，可以从5个标准入手，具体见表6-4。

表6-4 衡量餐饮企业薪酬管理体系的标准

序号	标准	具体内容
1	系统性	（1）是否定期听取员工对薪酬问题的意见 （2）薪酬管理是否与绩效考评紧密联系 （3）是否设有薪酬管理的专门人员 （4）是否每年进行薪酬调查
2	规范性	（1）是否有明确具体的薪酬表 （2）在进行薪酬提升和奖金发放时是否进行绩效考评

续表

序号	标准	具体内容
2	规范性	（3）是否有明确的薪酬管理原则、薪酬评定与晋级的办法、计算和支付奖金的细则、相关方面的规章制度是否完备 （4）是否制定了长期薪酬计划和薪酬分配整体方案
3	具体性	（1）是否进行工作分析和评价 （2）是否设定各级别的最高任职年限 （3）是否实行员工职务工资和技能工资 （4）是否通过技能测验、资格考试调整员工的职级 （5）是否设置职务评价委员会等专门的薪酬管理机构
4	激励性	（1）是否根据管理目标确定员工的绩效工资和奖金 （2）是否设立个人特殊能力工资和团队工作奖励 （3）奖金是否采用利润分享方式 （4）对领取奖金的人数是否有限制
5	安全性	（1）餐饮企业薪酬率上升速度是否高于劳动生产率增长速度 （2）餐饮企业基础薪酬增加的比率是否与相关餐饮企业接近 （3）现行的薪酬水平能否满足员工的基本生活要求 （4）现行的薪酬标准是否达到市场一般水平

第二节　餐饮企业员工保险福利管理

如果餐饮企业没有给员工购买社保，这种做法一来违反国家的法律规定，没有规范用工，被相关部门检查出来后要接受处罚；二来大大损害员工工作积极性，间接促使员工频繁跳槽，直接导致餐饮企业用工的不稳定，降低工作效率。

一、国家对企业社保办理规定

在办理餐饮企业员工社保前，首先需要了解国家对企业社保办理的相关规定，严格遵循法律法规。对于企业社保规定，主要是国家级的《中华人民共和国社会保险法》和各省市社会保险规定。

1.《中华人民共和国社会保险法》对五险的规定

（1）基本养老保险。《中华人民共和国社会保险法》对基本养老保险规定如下。

第十条　职工应当参加基本养老保险，由用人单位和职工共同缴纳基本养老保险费。

第十一条　基本养老保险实行社会统筹与个人账户相结合。基本养老保险基金由用人单位和个人缴费以及政府补贴等组成。

第十二条　用人单位应当按照国家规定的本单位职工工资总额的比例缴纳基本养老保险费，记入基本养老保险统筹基金。职工应当按照国家规定的本人工资的比例缴纳基本养老保险费，记入个人账户。

第十七条　参加基本养老保险的个人，因病或者非因工死亡的，其遗属可以领取丧葬补助金和抚恤金；在未达到法定退休年龄时因病或者非因工致残完全丧失劳动能力的，可以领取病残津贴。所需资金从基本养老保险基金中支付。

第十八条　国家建立基本养老金正常调整机制。根据职工平均工资增长、物价上涨情况，适时提高基本养老保险待遇水平。

（2）基本医疗保险。《中华人民共和国社会保险法》对基本医疗保险规定如下。

第二十三条　职工应当参加职工基本医疗保险，由用人单位和职工按照国家规定共同缴纳基本医疗保险费。

第二十六条　职工基本医疗保险、新型农村合作医疗和城镇居民基本医疗保险的待遇标准按照国家规定执行。

第二十七条　参加职工基本医疗保险的个人，达到法定退休年龄时累计缴费达到国家规定年限的，退休后不再缴纳基本医疗保险费，按照国家规定享受基本医疗保险待遇；未达到国家规定年限的，可以缴费至国家规定年限。

第二十八条　符合基本医疗保险药品目录、诊疗项目、医疗服务设施标准以及急诊、抢救的医疗费用，按照国家规定从基本医疗保险基金中支付。

第二十九条　参保人员医疗费用中应当由基本医疗保险基金支付的部分，由社会保险经办机构与医疗机构、药品经营单位直接结算。

社会保险行政部门和卫生行政部门应当建立异地就医医疗费用结算制度，方便参保人员享受基本医疗保险待遇。

第三十条　下列医疗费用不纳入基本医疗保险基金支付范围。

（一）应当从工伤保险基金中支付的。

（二）应当由第三人负担的。

（三）应当由公共卫生负担的。

（四）在境外就医的。

医疗费用依法应当由第三人负担，第三人不支付或者无法确定第三人的，由基本医疗保险基金先行支付。基本医疗保险基金先行支付后，有权向第三人追偿。

（3）工伤保险。《中华人民共和国社会保险法》对工伤保险规定如下。

第三十三条　职工应当参加工伤保险，由用人单位缴纳工伤保险费，职工不缴纳工伤保险费。

第三十五条　用人单位应当按照本单位职工工资总额，根据社会保险经办机构确定的费率缴纳工伤保险费。

第三十六条　职工因工作原因受到事故伤害或者患职业病，且经工伤认定的，享受工伤保险待遇，其中经劳动能力鉴定丧失劳动能力的，享受伤残待遇。工伤认定和劳动能力鉴定应当简捷、方便。

第三十七条　职工因下列情形之一导致本人在工作中伤亡的，不认定为工伤。

（一）故意犯罪。

（二）醉酒或者吸毒。

（三）自残或者自杀。

（四）法律、行政法规规定的其他情形。

第三十八条　因工伤发生的下列费用，按照国家规定从工伤保险基金中支付。

（一）治疗工伤的医疗费用和康复费用。

（二）住院伙食补助费。

（三）到统筹地区以外就医的交通食宿费。

（四）安装配置伤残辅助器具所需费用。

（五）生活不能自理的，经劳动能力鉴定委员会确认的生活护理费。

（六）一次性伤残补助金和一至四级伤残职工按月领取的伤残津贴。

（七）终止或者解除劳动合同时，应当享受的一次性医疗补助金。

（八）因工死亡的，其遗属领取的丧葬补助金、供养亲属抚恤金和因工死亡补助金。

（九）劳动能力鉴定费。

第三十九条　因工伤发生的下列费用，按照国家规定由用人单位支付。

（一）治疗工伤期间的工资福利。

（二）五级、六级伤残职工按月领取的伤残津贴。

（三）终止或者解除劳动合同时，应当享受的一次性伤残就业补助金。

第四十条　工伤职工符合领取基本养老金条件的，停发伤残津贴，享受基本养老保险待遇。基本养老保险待遇低于伤残津贴的，从工伤保险基金中补足差额。

第四十一条　职工所在用人单位未依法缴纳工伤保险费，发生工伤事故的，由用人单位支付工伤保险待遇。用人单位不支付的，从工伤保险基金中先行支付。从工伤保险基金中先行支付的工伤保险待遇应当由用人单位偿还。用人单位不偿还的，社会保险经办机构可以依照本法第六十三条的规定追偿。

第四十二条　由于第三人的原因造成工伤，第三人不支付工伤医疗费用或者无法确定第三人的，由工伤保险基金先行支付。工伤保险基金先行支付后，有权向第三人追偿。

第四十三条　工伤职工有下列情形之一的，停止享受工伤保险待遇。

（一）丧失享受待遇条件的。

（二）拒不接受劳动能力鉴定的。

（三）拒绝治疗的。

（4）失业保险。《中华人民共和国社会保险法》对失业保险规定如下。

第四十四条　职工应当参加失业保险，由用人单位和职工按照国家规定共同缴纳失业保险费。

第四十五条　失业人员符合下列条件的，从失业保险基金中领取失业保险金。

（一）失业前用人单位和本人已经缴纳失业保险费满一年的。

（二）非因本人意愿中断就业的。

（三）已经进行失业登记，并有求职要求的。

第四十六条　失业人员失业前用人单位和本人累计缴费满一年不足五年的，领取失业保险金的期限最长为十二个月；累计缴费满五年不足十年的，领取失业保险金的期限最长为十八个月；累计缴费十年以上的，领取失业保险金的期限最长为二十四个月。重新就业后，再次失业的，缴费时间重新计算，领取失业保险金的期限与前次失业应当领取而尚未领取的失业保险金的期限合并计算,最长不超过二十四个月。

第四十七条 失业保险金的标准,由省、自治区、直辖市人民政府确定,不得低于城市居民最低生活保障标准。

第四十八条 失业人员在领取失业保险金期间,参加职工基本医疗保险,享受基本医疗保险待遇。失业人员应当缴纳的基本医疗保险费从失业保险基金中支付,个人不缴纳基本医疗保险费。

第四十九条 失业人员在领取失业保险金期间死亡的,参照当地对在职职工死亡的规定,向其遗属发给一次性丧葬补助金和抚恤金,所需资金从失业保险基金中支付。个人死亡同时符合领取基本养老保险丧葬补助金、工伤保险丧葬补助金和失业保险丧葬补助金条件的,其遗属只能选择领取其中的一项。

第五十条 用人单位应当及时为失业人员出具终止或者解除劳动关系的证明,并将失业人员的名单自终止或者解除劳动关系之日起十五日内告知社会保险经办机构。

失业人员应当持本单位为其出具的终止或者解除劳动关系的证明,及时到指定的公共就业服务机构办理失业登记。

失业人员凭失业登记证明和个人身份证明,到社会保险经办机构办理领取失业保险金的手续。失业保险金领取期限自办理失业登记之日起计算。

第五十一条 失业人员在领取失业保险金期间有下列情形之一的,停止领取失业保险金,并同时停止享受其他失业保险待遇。

(一)重新就业的。

(二)应征服兵役的。

(三)移居境外的。

(四)享受基本养老保险待遇的。

(五)无正当理由,拒不接受当地人民政府指定部门或者机构介绍的适当工作或者提供的培训的。

(5)生育保险。《中华人民共和国社会保险法》对生育保险规定如下。

第五十三条 职工应当参加生育保险,由用人单位按照国家规定缴纳生育保险费,职工不缴纳生育保险费。

第五十四条 用人单位已经缴纳生育保险费的,其职工享受生育保险待遇;职工未就业配偶按照国家规定享受生育医疗费用待遇。所需资金从生育保险基金中支付。生育保险待遇包括生育医疗费用和生育津贴。

第五十五条 生育医疗费用包括下列各项。

(一)生育的医疗费用。

(二)计划生育的医疗费用。

(三)法律、法规规定的其他项目费用。

第五十六条 职工有下列情形之一的,可以按照国家规定享受生育津贴。

(一)女职工生育享受产假。

(二)享受计划生育手术休假。

(三)法律、法规规定的其他情形。

生育津贴按照职工所在用人单位上年度职工月平均工资计发。

2.企业承担法律责任

《中华人民共和国社会保险法》对企业法律责任规定如下。

第八十四条 用人单位不办理社会保险登记的，由社会保险行政部门责令限期改正；逾期不改正的，对用人单位处应缴社会保险费数额一倍以上三倍以下的罚款，对其直接负责的主管人员和其他直接责任人员处五百元以上三千元以下的罚款。

第八十五条 用人单位拒不出具终止或者解除劳动关系证明的，依照《中华人民共和国劳动合同法》的规定处理。

第八十六条 用人单位未按时足额缴纳社会保险费的，由社会保险费征收机构责令限期缴纳或者补足，并自欠缴之日起，按日加收万分之五的滞纳金；逾期仍不缴纳的，由有关行政部门处欠缴数额一倍以上三倍以下的罚款。

第八十八条 以欺诈、伪造证明材料或者其他手段骗取社会保险待遇的，由社会保险行政部门责令退回骗取的社会保险金，处骗取金额二倍以上五倍以下的罚款。

第九十四条 违反本法规定，构成犯罪的，依法追究刑事责任。

二、办理社会保险登记

餐饮企业在领取营业执照或成立之日起一定期限（根据当地社保局规定）内，向餐饮企业所在辖区社保机构部门申请社会保险登记，建立单位缴费信息数据库。

如果餐饮企业是刚成立的，需要到社保局进行登记（开户）之后，才能为员工办理社保。

1.所需资料

餐饮企业在社保局社会保险开户登记，需要准备以下材料。

（1）餐饮企业营业执照副本原件。

（2）组织机构统一代码证书原件。

（3）开户银行印鉴卡原件或开户许可证原件或开户银行证明原件。

（4）企业法人身份证复印件（盖餐饮企业公章）。

（5）餐饮企业经办人的身份证原件。

（6）餐饮企业法人或社保经办人如是中国港澳台籍和外籍人员需提供有效的证件（永久性）和入中国境内的证件原件且提供复印件（加盖餐饮企业公章）。

（7）"××市企业参加社会保险登记表"（盖餐饮企业公章）。

2.办理程序

对于不同地区，其办理程序有所区别，如深圳市对新参保企业社会保险登记办理程序规定如下。

（1）登录社保网站www.szsi.gov.cn→点击"新参保企业网上登记"→按要求录入相关登记信息，并打印"深圳市企业参加社会保险登记表"。

（2）在网上申报成功之日起（不含当日）15个工作日内，向企业所在辖区社保机构征收窗口提交"登记表"及申请材料，逾期不办的，网上申报的信息将自动作废，企业需重新申报。

三、餐饮企业新增参保人员办理

1.所需资料

餐饮企业如果有新进员工，增加了参保人员，需要到社保局办理新参保登记申报，一般需要提供资料如下。

（1）《企业法人营业执照》（副本）及复印件。

（2）《组织机构代码证书》（副本）及复印件。

（3）《地税登记证》（副本）及复印件。

（4）《工商登记执照》（副本）或批准成立的批文等有效证件（办事处才提供）。

（5）职工与单位建立劳动关系的证明材料（即劳动合同）。

（6）法定代表人或负责人身份证复印件。

（7）证明企业经营状况的财务报表（资产负债表、损益表）。

（8）用于拷贝社会保险参保业务表格及资料的U盘一个。

2.其他事项

（1）餐饮企业经办人员到社保局领取并按要求填制"社会保险登记表"、"社会保险参保单位银行结算账户情况表"、"××市参加社会保险单位新增人员信息采集表"（以上表格均一式两份，可在社保局网站上下载）。

（2）餐饮企业经办人员带齐所需纸质及电子资料到社保局参保管理窗口审核。

（3）经审核合格，社保局将会为餐饮企业办理新参保登记手续。

四、办理社会保障卡

1.征收窗口申办

（1）所需资料。如果是在征收窗口申办社会保障卡，需要提供餐饮企业的参保号、员工电脑号、员工身份证、数码照片回执（当地公安机构认可的）、"××市企业员工和个人社会保险信息业务变更申请表"（需到窗口领取）。

（2）办理程序如下。

——到窗口申请劳动保障卡号，待社保部门审核确认，打印劳动保障卡清单。

——将制证相关材料交社保制证窗口并缴纳制卡工本费，领取制卡回执，在××个工作日之后，凭制卡回执到社保制证窗口领取社会保障卡。

2.网上申办

现在，大多数社保局都可以通过企业登录网上申报系统办理社会保障卡，因此可以选择在网上申报。

（1）所需资料。如果是在网上申办社会保障卡，需要提供餐饮企业的参保号、员工电脑号、员工身份证、数码照片回执（当地公安机构认可的）。

（2）办理程序如下。

——登录当地社保局网站，点击网上申报，选择CA认证安全登录或者非CA认证安全登录，申请劳动保障卡号，待社保部门审核确认，最后企业打印劳动保障卡清单。

——将制证材料交社保制证窗口并缴纳制卡工本费，领取制卡回执，在××个工作日之后，凭制卡回执到社保制证窗口领取社会保障卡。

五、相关事项变更处理

1. 餐饮企业名称变更

餐饮企业申请变更已在社保局登记参保的企业名称，需要提供资料如下。

（1）工商部门有关变更证明原件且提供复印件（加盖单位公章）。

（2）营业执照原件且提供复印件（加盖单位公章）。

餐饮企业社保经办人员需要登录社保局网站，在网上进行申报，申报成功后，打印"××市社会保险参保企业信息变更申请表"，附上申请资料，最后到餐饮企业缴费所属社保机构征收窗口办理。

2. 办理银行名称与银行账号变更

如果餐饮企业需要申请更改缴纳社保费的银行名称和银行账号，需要提供餐饮企业开户许可证原件且提供复印件（加盖餐饮企业公章）及银行印鉴卡原件或银行证明且提供复印件（加盖餐饮企业公章）。

3. 员工姓名和身份证号码变更

（1）所需资料。餐饮企业为员工办理员工姓名和身份证号码变更，需要提供的资料，见表6-5。

表6-5　员工姓名和身份证号码变更所需资料

序号	类别	所需资料
1	员工本人或公安部门原因造成姓名或身份证号码变更	（1）公安部门证明原件及复印件（加盖单位公章）（证明内要注明原姓名、身份证与现姓名、身份证之间的关系；如果更改的姓名在户口本内有注明是曾用名，可不用提供此件） （2）身份证原件及复印件 （3）户口本原件及复印件 （4）社会保障卡原件及复印件 （5）个人书面申请
2	企业申报错误造成员工姓名或身份证号码变更	（1）单位证明 （2）身份证原件及复印件 （3）社会保障卡原件及复印件
3	身份证号自然升位	身份证复印件（验原件）
4	中国港澳台籍和外籍人员申请更改姓名或身份证号码	（1）有效的证件（永久性）和进入中国境内的证件 （2）相关证明

（2）办理程序如下。

——中国内地员工由企业登录企业网上申报系统申报，申报成功后，打印"××市企业员工和个人社会保险信息（业务）变更申请表"（盖单位公章），附上申请材料，然后到缴费所属社保机构征收窗口办理。

——中国港澳台籍和外籍员工由餐饮企业经办人到社保机构征收窗口领取并填写"××市企业员工和个人社会保险信息（业务）变更申请表"（盖单位公章），附上申请材料，然后到缴费所属社保机构征收窗口办理。

六、餐饮企业员工福利管理

餐饮企业为了稳定员工队伍,需要给员工提供必要的福利待遇。一般餐饮企业员工福利形式,主要包括以下9种。

1. 年终奖

根据餐饮企业年度经营结果、盈利情况及员工工作业绩、工作时间等,符合条件员工可取得年终奖。

2. 健康检查

餐饮企业员工每年必须接受餐饮企业指定卫生部门健康检查。工作满一年的员工,每年免费享受健康检查。新入职员工体检费用在该员工通过试用期、转正后,凭体检收据可获报销体检费,卫生培训费由员工自负。

3. 医疗福利

(1) 店内诊疗。餐饮企业可以设置医务室,为员工提供医疗服务。餐饮企业将为所有员工建立医疗账目,员工在医务室诊疗的,每人每月可享受由餐饮企业制定的医疗额度,医疗额度与员工职级有关。当然,一般试用期内员工不享受医疗额度。每月医疗额度可连续累积使用三个月。员工在医务室领取、使用药品的,餐饮企业均按成本价从员工享受的医疗额度中扣除,超出额度部分,餐饮企业再从员工当月工资中扣除。

(2) 店外诊疗。员工因病须在店外诊疗时,所产生的医疗费用按社会统筹医疗保险规定执行。

4. 夜班补贴

根据餐饮企业经营状况,每年度夜班补贴是否给付和给付有效期必须事先书面申报,经人力资源部批核和总经理批准裁决。

(1) 工作时间为夜班(每日23:00至次日凌晨7:00)员工,可享受夜班补贴。

(2) 夜班补贴按实际出勤夜班计算。

(3) 临时工不享受夜班补贴。

(4) 各部门每月初将当月员工排班表报至人力资源部,同时在月底报部门考勤时,将享受夜班补贴的人员统计清楚,以便人力资源部核查。

(5) 夜班补贴随每月工资发放。

5. 降温费、取暖费

餐饮企业根据经营状况,每年度经事先书面申报,人力资源部批核和总经理批准裁决是否给付降温费、取暖费和给付有效期。

保安部外保人员享受降温费、取暖费。工程部锅炉房人员享受降温费。降温费、取暖费随降温费、取暖费发放时段的月工资发放。

6. 社会保险

餐饮企业为签署劳动合同的全日制员工办理法定基本社会保险,包括基本医疗保险、基本养老保险、失业保险、工伤保险和生育保险,由员工个人和餐饮企业按照政策规定的缴费比例共同负担。

7. 工作餐

所有员工在工作日，可在员工食堂内享用两餐免费膳食（早餐和午餐或晚餐和夜宵，具体根据员工工作时间而定）。

8. 员工宿舍

餐饮企业为倒班员工在倒班日提供免费住宿，倒班员工应当遵守餐饮企业关于宿舍管理的各项制度。

9. 员工生日会

餐饮企业每月为当月生日员工举办生日会。生日会由人力资源部组织，生日会提供生日蛋糕，发放生日卡、生日礼品，组织娱乐活动等。

第七章
餐饮企业人力资源管理流程

☞ 第一节　流程绘制
☞ 第二节　餐饮企业人力资源管理流程范本

第一节　流程绘制

一、绘制流程图基础

（1）实际作业人员的支持及参与。
（2）各项工作内容、工作方法的彻底了解。
（3）流程段落、顺序必须分割恰当、分明。
（4）绘制方法及图示简单、易懂、完整。
（5）图示结构尽量保持平衡。

二、流程图常用符号

流程图制作常用的符号有以下6种（见图7-1）。
（1）流程的开始或结束，用椭圆形表示。
（2）具体任务或工作，用矩形表示。
（3）需要决策的事项，用菱形表示。
（4）流程线，用带箭头的线表示。
（5）信息来源，用倒梯形表示。
（6）信息存储与输出，用平行四边形表示。

图7-1　流程图制作常用符号

流程设计的标准符号还有很多，但是流程图绘制讲究越简洁明了、操作起来越方便，越容易接受和落实。一般使用前四种符号就基本可以满足绘制流程图的需要。

第二节 餐饮企业人力资源管理流程范本

一、餐饮企业人力资源规划流程

餐饮企业人力资源规划流程见表7-1。

表7-1 餐饮企业人力资源规划流程

流程名称	餐饮企业人力资源规划流程	部门	人力资源部
流程图	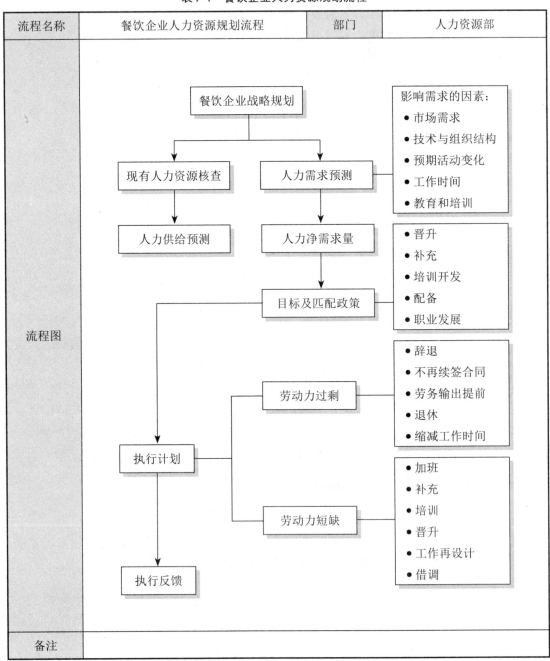		
备注			

二、餐饮企业员工招聘流程

餐饮企业员工招聘流程见表7-2。

表7-2　餐饮企业员工招聘流程

流程名称	餐饮企业员工招聘流程	部门	人力资源部
流程图	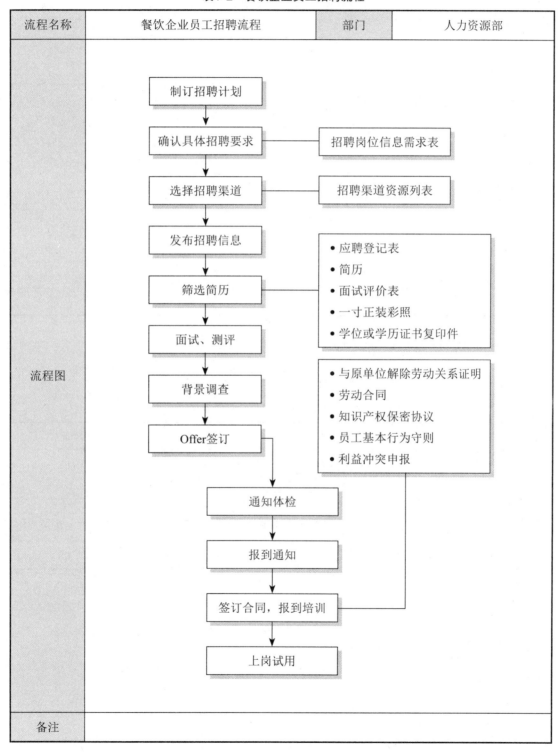		
备注			

三、餐饮企业员工试用流程

餐饮企业员工试用流程见表7-3。

表7-3　餐饮企业员工试用流程

流程名称	餐饮企业员工试用流程	部门	人力资源部
流程图	员工报到 → 签订使用合约 → 分配安排工作 → 考核（不合格 → 解除劳动关系；合格 → 转正）		
备注			

四、餐饮企业员工考勤管理流程

餐饮企业员工考勤管理流程见表7-4。

表7-4　餐饮企业员工考勤管理流程

流程名称	餐饮企业员工考勤管理流程	部门	人力资源部
流程图	编制考勤制度 → 部门文员统计、部门文员统计 → 人力资源部月末统计 → 是否合格（合格 → 奖励；不合格 → 处罚）		
备注			

五、餐饮企业员工异动管理流程

餐饮企业员工异动管理流程见表7-5。

表7-5 餐饮企业员工异动管理流程

流程名称	餐饮企业员工异动管理流程	部门	人力资源部
流程图	餐饮企业出现岗位异动需求 → 人力资源部进行分析 → 确定调动人员 → 审核（相关领导）→ 终止人员异动 / 实施人员异动		
备注			

六、餐饮企业员工降职管理流程

餐饮企业员工降职管理流程见表7-6。

表7-6 餐饮企业员工降职管理流程

流程名称	餐饮企业员工降职管理流程	部门	人力资源部
流程图	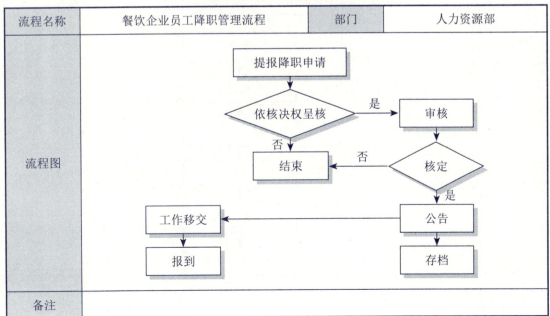		
备注			

七、餐饮企业员工离职管理流程

餐饮企业员工离职管理流程见表7-7。

表7-7　餐饮企业员工离职管理流程

流程名称	餐饮企业员工离职管理流程	部门	人力资源部
流程图	某员工不具备任职要求 / 某员工提出离职申请 → 信息传递到人力资源部 → 审核（相关领导） → 同意：离职；不同意：返回岗位		
备注			

八、餐饮企业员工辞职管理流程

餐饮企业员工辞职管理流程见表7-8。

表7-8　餐饮企业员工辞职管理流程

流程名称	餐饮企业员工辞职管理流程	部门	人力资源部
流程图	辞职申请 → 挽留程序 → 辞职审批 → 工作交接 → 离职面谈 → 办理离职手续		
备注			

九、餐饮企业培训实施流程

餐饮企业培训实施流程见表7-9。

表7-9 餐饮企业培训实施流程

流程名称	餐饮企业培训实施流程	部门	人力资源部
流程图	培训准备 → 通知受训人员 / 安排场所 → 培训签到 → 实施培训 → 培训考核		
备注			

十、餐饮企业绩效指标设置流程

餐饮企业绩效指标设置流程见表7-10。

表7-10 餐饮企业绩效指标设置流程

流程名称	餐饮企业绩效指标设置流程	部门	人力资源部
流程图	明确客体及目的 → 进行需求分析 → 要素调查与评判 → 量化绩效指标 → 预试检验（否→修正，是→项目完成）		
备注			

十一、餐饮企业考核方式确立流程

餐饮企业考核方式确立流程见表7-11。

表7-11　餐饮企业考核方式确立流程

流程名称	餐饮企业考核方式确立流程	部门	人力资源部
流程图	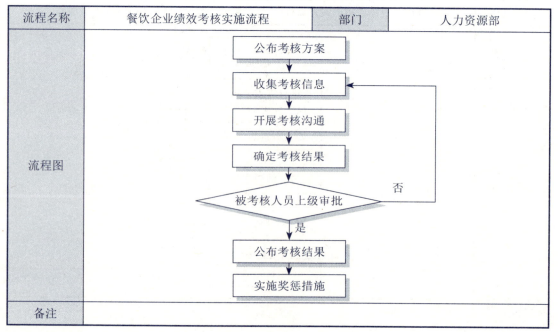		
备注			

十二、餐饮企业绩效考核实施流程

餐饮企业绩效考核实施流程见表7-12。

表7-12　餐饮企业绩效考核实施流程

流程名称	餐饮企业绩效考核实施流程	部门	人力资源部
流程图			
备注			

十三、餐饮企业员工关系管理流程

餐饮企业员工关系管理流程见表7-13。

表7-13　餐饮企业员工关系管理流程

流程名称	餐饮企业员工关系管理流程	部门	人力资源部
流程图	制定员工关系管理办法 → 人力资源部经理审批 → 制定员工关系管理办法 → 收集员工看法 → 制定员工关系管理措施；员工感到委屈 → 员工申诉 → 处理申诉 → 举行员工活动		
备注			

十四、餐饮企业劳动合同签订流程

餐饮企业劳动合同签订流程见表7-14。

表7-14　餐饮企业劳动合同签订流程

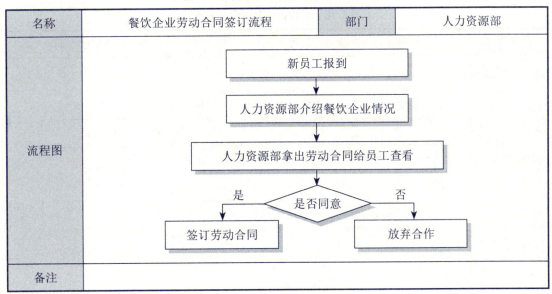

十五、餐饮企业劳动争议处理流程

餐饮企业劳动争议处理流程见表7-15。

表7-15　餐饮企业劳动争议处理流程

流程名称	餐饮企业劳动争议处理流程	部门	人力资源部
流程图	出现劳动争议 → 员工申诉 → 人力资源部出面回应 → 协商 → 争议解决；协商未达成一致看法 → 申请劳动仲裁、司法解决		
备注			

十六、餐饮企业薪酬设计流程

餐饮企业薪酬设计流程见表7-16。

表7-16　餐饮企业薪酬设计流程

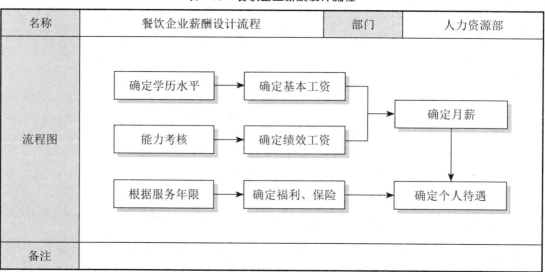

名称	餐饮企业薪酬设计流程	部门	人力资源部
流程图			
备注			

十七、餐饮企业薪酬控制流程

餐饮企业薪酬控制流程见表7-17。

表7-17　餐饮企业薪酬控制流程

流程名称	餐饮企业薪酬控制流程	部门	人力资源部
流程图	制定薪酬基本标准 → 确定原始薪酬 → 考核员工 → 加薪 / 降薪		
备注			

十八、餐饮企业员工福利管理流程

餐饮企业员工福利管理流程见表7-18。

表7-18　餐饮企业员工福利管理流程

名称	餐饮企业员工福利管理流程	部门	人力资源部
流程图	制定福利管理制度 → 考核员工 → 确定相适宜的福利方式 → 总经理审核（否：返回确定相适宜的福利方式；是：实施福利）		
备注			

第八章
餐饮企业人力资源管理制度

☞ 第一节 制度化管理
☞ 第二节 餐饮企业人力资源管理制度范本

第一节　制度化管理

一、制度化管理的好处

制度化管理的最大好处有以下5点。

（1）人力资源经理可将优秀员工的智慧转化成为众多员工遵守的具体经营管理行为，形成一个统一的、系统的行为体系。

（2）能够发挥整体优势，使人力资源部门内外能够更好地配合，可以避免由于员工能力及特点的差异，使经营管理与服务产生波动。

（3）为员工能力的发挥建立了一个公平的平台，不会因为评分标准的不同，对员工努力的评定产生大的误差。比如发票管理制度，制定了统一的评分标准，不会因为其他原因而影响对员工工作情况的评定。

（4）有利于员工更好地了解餐饮企业，能够更好地规范工作流程，让员工能够在其中找对自己的位置，有法可依，使工作更顺畅。

（5）有利于员工的培训、自我发展。员工由于有统一的标准可供参考，可以明了工作需要达到的标准，能够对自己的工作有一个明确的度量，发现差距，有自我培训发展的动力和标准。

二、管理制度的范围

一个具体的专业性的管理制度一般是由一些与此专业或职能方面的规范性的标准、流程或程序、规则性的控制、检查、奖惩等因素组合而成的，在很多场合或环境里，规则＝规范＋程序。

三、管理制度的内容

从一个具体的管理制度的内涵及其表现形式来讲，管理制度主要由以下核心内容组成。

（1）编制目的。

（2）适用范围。

（3）具体内容。

上述内容的制作说明见表8-1。

表8-1　管理制度内容编写要领

序号	项目	编写要求	备注
1	目的	简要叙述编制这份制度的目的	必备项目
2	范围	主要描述这份制度所包含的作业深度和广度	必备项目
3	管理规定	这是整篇文件的核心部分，依顺序详细说明每一步骤涉及的组织、人员及活动等的要求、措施、方法	必备项目

四、管理制度设计考虑的因素

在制定制度时应该考虑一个根本性的因素——员工以及员工的需求。那么在考虑人的因素时应注意哪些方面的因素呢，具体如下。

1. 考虑员工的基本素质状况

很多制度规定了管理活动中的权限，也就是权力在不同的管理层次、不同人员之间的分配。

一般来说，倾向于将较多的权力交给能力较强的中坚人员，这样有助于保证餐饮企业目标的实现。而对于目前能力不足的员工，一方面应加强培训，另一方面通过上级的指导逐步将权力移交给他们，最终实现充分授权。

2. 考虑当前人员管理存在的问题

一些制度的制定目的就在于解决管理中出现的与员工有关的问题，对员工的行为进行约束与规范。比如，当发现有些人总是在会议中迟到、早退，这就需要制定相应的会议考勤管理制度对员工的行为进行约束。

3. 考虑员工的未来发展

考虑员工的未来发展并不等于要简单适应和迁就现有员工，通常的解决方案是"老人老办法，新人新办法"。制度在今天是企业发展的助推剂，明天就有可能成为绊脚石。因此制度必须不断创新，一方面不断地适应人才，另一方面也要适应外部环境的变化。

法务小助手

制度并不是越多越好，也不是越严越好，关键在于制度是否可行，是否具有较好的可操作性。在建立制度时，还必须注意制度的量与度的问题。有些制度如果暂时推行不了，可先缓一缓，待制度本身具备了可行性和可操作性后再予以实施。

五、管理制度的有效执行

越来越多的餐饮企业开始重视管理制度的制定，但普遍存在的问题是，制度并不能真正有效发挥作用。对于大多数餐饮企业来说，制度往往形式化，制定一套现代管理制度体系只是为企业穿上现代管理的华丽外衣。真要逐步改善企业的内部管理水平，必须让制度发挥作用。影响企业管理制度能否发挥作用的主要因素和可用的改进措施如下。

1. 制度的适当性

简单复制其他餐饮企业管理制度的方式很难发挥作用，制度必须植根于企业的现状，针对企业的具体问题，结合企业实际，因此制定适当的制度是企业应该首先解决的问题。

从本餐饮企业目标出发，制定相应的配套控制措施，形成制度，并实行经常性风险分析的机制，结合风险变化对制度的适当性进行评估，及时改进完善制度。

2. 推行制度的配套措施

仅制定书面的制度,并不是管理,让制度真正有效发挥作用才至关重要,因此必须采取措施去落实制度的执行。推行制度还需要如下一些方面的配套措施。

(1) 营造执行管理制度的企业文化。
(2) 从人员素质、人事政策等方面为制度的执行创造环境。
(3) 明确规定执行和违反制度的奖惩措施。
(4) 建立制度执行效果的评价机制。
(5) 严格根据评价结果和奖惩制度落实奖惩。

法务小助手

制度化管理必须与情感管理和情感交流融合在一起才能充分地发挥其作用。如制度化管理使企业承担着更大的经营风险,而恰到好处地渗透一些情感管理方式可以使这种风险降至最低,而制度化管理的渗透又可使情感管理难以解决的权力失控问题得以迎刃而解等。

3. 制度执行与监督

制度执行的情况,应尽量留存,并由专人负责对制度执行结果进行检查,对发现的违反制度规定的情况,及时要求改正。

4. 制度执行结果的处理

制度执行的好坏,依据专人检查结果而定。根据检查结果,分别与培训、考核挂钩,严格执行相应的奖惩措施。

第二节 餐饮企业人力资源管理制度范本

一、餐饮企业新进员工须知

公司标准文件		餐饮企业新进员工须知	文件编号	
版本	A/0		页次	

1 目的
为规范餐饮企业新进员工管理,特制定此须知。
2 适用范围
适用于餐饮企业新进员工管理。
3 具体内容
3.1 准备证件
入职前必须交齐,特殊原因必须在入职后一周内办好交人力资源部。
3.1.1 身份证正本及复印件两张,一寸相片两张。

3.1.2 毕业证原件及复印件,特殊岗位必须有职业资格证书原件或复印件。

3.1.3 省流动人口计划生育证(非本市户口需办理)。

3.1.4 健康证(星期一至星期五在区卫生疾控部门办理)。

3.1.5 按餐饮企业规定缴纳培训或试用期食宿费_____元。

3.2 试用期的有关规定

3.2.1 入职员工一般不超过3个月的试用期(培训期除外),餐饮企业将根据员工在试用期的表现,酌情延长或缩短试用期,员工享受岗位试用期工资为_____元。

3.2.2 员工从入职当日起须遵守餐饮企业《员工手册》,如发现员工触犯国家法规或严重违反餐饮企业劳动纪律和规章制度,并造成一定后果的,餐饮企业将按照《员工手册》相关规定办理,并扣发当月工资。

3.2.3 试用期员工与正式员工一样作息,如遇特殊情况,需请假,将请假条交部门经理批示后方能休假。

3.2.4 餐饮企业将组织新员工进行培训并在转正前进行考核,合格才具有转正的基本条件;员工如在计发转正工资之前提出辞职,则其离职工资一律按试用期工资计发。

3.2.5 试用期员工离职者,须提前7日(入职员工头7日为见工期,见工合格者方能正式试用,且此7日一并作为考勤核算工资,若在7日内提出辞职的,餐饮企业将不发放任何工资)以书面形式将辞职报告送交所在部门负责人签批后递交人力资源部,以总经理审批之日起核算时间,7日后到人力资源部办理离职手续(自入职之日起连续工作不足。30日辞职的员工,餐饮企业将按实际工作天数扣除食宿费_____元/天);未按正规程序办理者,餐饮企业将扣其缺勤工资(缺勤指从提出离职之日算起7日内,如一员工12日提出书面离职,但16日便离岗或要求餐饮企业给予办理离职手续,其缺勤日为3天),食宿费予以退还(若工资不足抵扣缺勤工资,将从食宿费中扣除);未经餐饮企业领导批准擅自离职者,扣发当月工资,食宿费按相关规定退还。

3.2.6 员工离职时,按照正常程序办理,食宿费全额退还。

3.2.7 试用期合格者,餐饮企业按规定程序将签订劳动合同,享受餐饮企业合同员工的福利(试用期员工除外)。

3.3 餐饮企业有关规章制度

3.3.1 员工着装要整洁,男员工经常修理发脚,留长发的女员工必须用发束将长发盘起,上班要佩戴工牌,进出餐饮企业如遇客人、领导要有礼貌地打招呼。

3.3.2 员工严禁佩戴各种首饰、项链、耳环等。

3.3.3 员工上下班必须走员工通道,严禁从餐饮企业大堂进出,严禁乘坐客梯,严禁使用客用卫生间。

3.3.4 严禁使用专供客人使用的设备与物品、偷带餐饮企业或客人物品出餐饮企业、偷吃餐饮企业食品。

3.4 附则

本"入职须知"一式两份,从双方签字之日起生效,双方各执一份。离职时需退还给餐饮企业人力资源部。

| 拟订 | | 审核 | | 审批 | |

二、餐饮企业绩效考评管理制度

公司标准文件		餐饮企业绩效考评管理制度	文件编号	
版本	A／0		页次	

1 目的

通过对个人绩效进行管理和评估，提高个人的工作能力和工作绩效，从而提高部门的工作绩能，最终实现餐饮企业的经营目标。

2 适用范围

本考核制度适用于所有正式聘用员工。

3 具体内容

3.1 考核方式

3.1.1 考核方式。考核主要分为自我评价、直接上级考核、跨级上级审核三种。三种考核所占权重见下表。

考核方式权重表

序号	考核方式	所占权重	备注
1	自我评价	10%	
2	上级考核	45%	
3	跨级上级审核	45%	

3.1.2 考核最终分数确定。考核最终分数=自我评价分数×10%+上级考核分数×45%+跨级上级审核分数×45%。

3.2 考核流程

3.2.1 员工考核流程。

3.2.1.1 每月29日人力资源部经理把"员工绩效考核表"发放下去。

3.2.1.2 员工根据自己本月的表现，进行自我评价打分，于30日14时以前上交给直接上级（上一个月的）。

3.2.1.3 直接上级根据上个月下属员工的工作表现，进行上级考核打分，于第二个月1日14时以前完成评分，上交给员工跨级上级审核。

3.2.1.4 跨级上级对"员工绩效考核表"进行审核打分，与3日14时以前完成，在3日17时前把考核表返回给直接上级。

3.2.1.5 直接上级在5日16时以前完成和下属员工的绩效面谈，5日17时以前把"员工绩效考核表"上交到人力资源部经理，人力资源部经理在6日9时以前汇总员工考核成绩交给总经理。

3.2.2 管理人员考核流程。

3.2.2.1 每月29日人力资源部经理把"管理人员绩效考核表"发放下去。

3.2.2.2 管理人员根据自己本月的表现进行自我评分，于30日18时前上交给人力资源部经理。

3.2.2.3 人力资源部经理在第二个月1日14时以前完成评分，上交给总经理。

3.2.2.4 总经理对"管理人员绩效考核表"进行审核打分,于2日18时以前完成。

3.2.2.5 总经理在6日9时以前完成和下级管理人员的绩效面谈。

3.3 绩效考核实施

3.3.1 绩效考核人培训。通过培训,使考核人员掌握绩效考核相关技能,熟悉考核的各个环节,准确把握考核标准,分享考核经验,掌握考核方法,克服考核过程中常见的问题。

3.3.2 考核等级划分。考核结果分为A级、B级、C级,具体标准如下。

A级:月度考核在80分以上。

B级:月度考核在60分以上。

C级:月度考核在60分以下。

3.3.3 未转正的员工和管理人员不参与月度绩效考核。

3.3.4 有下列情形之一者,其考核不得为A级。

3.3.4.1 服务员、收银员、迎宾员、酒水员在业务技能、团队协作、服务意识三个指标任意一项未达到"良好"的。

3.3.4.2 传菜生、保安,在工作质量、业务技能、纪律性三个指标任意一项未达到"良好"。

3.3.4.3 楼面部长、主管,在业务技能、团队协作、部门服务意识三个指标任意一项未达到"良好"的。

3.3.4.4 传菜部长、保安部长,在业务技能、部门工作质量、团队协作、责任感四个指标任意一项未达到"良好"的。

3.3.5 有下列情况之一者,其考核为C级。

3.3.5.1 旷工1天以上者。

3.3.5.2 三次以上迟到者。

3.4 绩效考核结果运用

3.4.1 薪水。

3.4.1.1 员工。

(1)对于月度绩效考核为A级的员工,评其为"月度优秀员工",奖休假一天。

(2)对于一个季度2次以上月度绩效考核为A级的员工,评其为"季度优秀员工",奖现金100元,在餐饮企业公告栏内表扬刊登。

(3)对于一年内2次以上获得"季度优秀员工"的员工,评其为"年度优秀员工",免费参加一次餐饮企业组织的旅游活动,且工资升一级(月薪加×元)。

(4)对于连续2次月度绩效考核为C级的员工,工资降一级(月薪减×元)。

3.4.1.2 中层管理人员。

(1)对于绩效考核为A级的中层管理人员,评其为"月度优秀管理人员",奖休假一天。

(2)对于一个季度内2次以上月度绩效考核为A级的,评其为"季度优秀管理人员",奖现金×元,在餐饮企业公告栏内表扬刊登。

(3)对于一年内2次以上获得"季度优秀管理人员"的,评其为"年度优秀管理人员",免费参加一次餐饮企业组织的旅游活动,且工资升一级(月薪加×元)。

（4）对于连续2次月度绩效考核为C级的管理人员，工资降一级（月薪减×元）。

（5）对于连续3次月度绩效考核为C级的管理人员，餐饮企业作辞退处理。

3.4.2 岗位调整。对于评为"年度优秀员工"的员工，列其为储备管理人员，制订晋升培训计划。对于连续三次月度绩效考核为C级的员工，餐饮企业作辞退处理。对于连续3次月度绩效考核为C级的管理人员，餐饮企业作辞退处理。

3.4.3 绩效考核面谈。每次考核结束后一个星期内，直接上级要对被考核者进行绩效面谈，对其在上一个考核周期内取得的成绩表示祝贺，同时对自身出现的问题进行分析，以便于提高其工作能力和工作绩效。

3.4.4 考核结果申诉。如果被考核者认为考核结果不公正与考核者沟通无效，并确有证据证明的情况下可以启动考核结果申诉程序（每月向总经理反映情况）。

拟订		审核		审批	

三、餐饮企业员工关系管理办法

公司标准文件		餐饮企业员工关系管理办法	文件编号	
版本	A/0		页次	

1 目的

为规范餐饮企业员工关系管理工作，创建和谐的劳资合作关系，特制定本办法。

2 适用范围

餐饮企业所有在职员工，包括试用期员工、临时工。

3 具体内容

3.1 劳动合同管理

3.1.1 劳动合同是餐饮企业与所聘员工的劳动关系的凭证，明确了双方的权利与义务。餐饮企业所有员工都要签订劳动合同。

3.1.2 所有员工在入职30日内都必须签订劳动合同，劳动合同签订时间为员工的入职时间。合同的签订期一般为2年。

3.1.3 员工调动时，调出餐饮企业要收回合同，调入餐饮企业需要签订新合同。

3.1.4 人力资源部在员工劳动合同期满前一个月，应通知员工本人与本部门领导，就是否续约进行确认。其中任何一方不同意续约，须在合同期满前3日通知对方，并按照程序解除劳动合同。如果双方均表示有合作意向，应在合同期满前签订续约合同。

3.1.5 员工使用期内，可以提前3日表示解除合同；非使用期内，需要提前30日解除合同。

3.1.6 双方出现纠纷时，由人力资源部代表餐饮企业与员工协商解决纠纷。

3.2 员工活动与组织活动

3.2.1 人力资源部员工关系专员与行政专员及其员工志愿者，共同组建员工活动小组，负责组织各种小组活动。

3.2.2 活动时间。小型活动（如篮球赛），每季度一次一项；中型活动（如部门聚餐、团队建设），每半年一次；大型活动（如年会），每年一次。

3.2.3 经费来源。员工日常违纪罚款；员工缺勤扣款；餐饮企业提供。

3.2.4 员工关系专员负责向餐饮企业申请或者筹集员工活动经费，并按计划对活动经费进行管理与控制。

3.3 员工内部沟通管理

3.3.1 入职前沟通。在选拔面试时须对餐饮企业文化、工作职责等进行描述。人力资源部负责人、各部门负责人与分管副总对中高级管理人员进行"入职前沟通"。

同时，进入餐饮企业的新员工由人力资源部招聘专员负责引领新员工认识各部门入职指引人，介绍餐饮企业相关的沟通渠道、后勤保障措施等，帮助新员工尽快适应新的工作环境。

3.3.2 岗前培训沟通。对员工上岗前必须掌握的基本内容进行沟通培训，以了解餐饮企业的基本情况，提高对餐饮企业文化的理解和认同，全面了解餐饮企业的管理制度，知晓员工的行为规范，知晓自己的本职工作的岗位职责和工作标准，掌握本职工作考核标准，掌握本职工作的基本工作方法，从而比较顺利地开展工作，尽快融入餐饮企业，度过"磨合适应期"。

3.3.3 试用期沟通。为帮助新员工更加快速地融入餐饮企业，度过"磨合适应期"，应尽量给新员工创造一个合适、愉快的工作环境。

新员工试用第一个月，至少面谈2次。新员工试用第二、第三个月，每月至少面谈或电话沟通1次。新员工的入职指引人和所属直接上级，可以参照人力资源部的沟通频次要求进行沟通。

3.3.4 转正沟通。根据新员工试用期的表现，结合"绩效管理制度"进行转正考核，在"转正申请表上"作出客观评价。

3.3.5 工作异动沟通。在决定异动后正式通知员工本人前3日内：异动员工原部门直接上级，在接到人力资源部的员工异动决定通知后立即进行调动；异动员工新到部门直接上级，在异动员工报到上岗之日，相当于新员工的入职引导人并进行岗位培训沟通。

3.3.6 离职面谈。

3.3.6.1 本着善待离职者原则，对于主动离职员工，通过离职面谈了解员工离职的真实原因以便餐饮企业改进管理；对于被动离职员工，通过离职面谈提供职业发展建议，不让其带着怨恨离开；诚恳地希望离职员工留下联系方式，以便跟踪管理。

3.3.6.2 沟通时机：第一次，得到员工离职信息时或作出辞退员工决定时；第二次，员工离职手续办清楚准备离开餐饮企业的最后一天。

3.3.7 非正式沟通。非正式沟通有以下3种形式。

3.3.7.1 每季度由人力资源部负责举办各部门管理人员畅谈会，人力资源部负责记录。

3.3.7.2 每年召开一次员工代表大会，由人力资源部主持并负责记录。

3.3.7.3 邀请员工家属参加员工的娱乐活动。

3.4 员工关怀管理

3.4.1 员工关怀管理是为了增强员工的归宿感。

3.4.2 每逢传统节假日，人力资源部要对员工进行慰问，并准备一些礼品赠给员工。

3.4.3 员工生日要给员工发放生日祝福卡。

3.4.4 如果某位员工出现家庭困难，人力资源部应召集募捐活动，餐饮企业领导必须带头募捐。募捐名单与金额由人力资源部统计。

3.5 员工申诉管理

3.5.1 员工申诉管理的目的是为了减少员工在工作中因为受到不公正待遇而产生的不良情绪。

3.5.2 申诉程序。员工向直接上级投诉，如直接上级在3日之内仍未解决问题，可越级向部门经理或者分管领导投诉，同时也可向人力资源部经理或员工关系专员投诉，人力资源部负责3日内解决投诉问题。

3.5.3 员工对人力资源部的处理结果不满意，可继续向人力资源部的主管领导提请复议，主管领导有责任在一周内重新了解情况给出处理意见。此复议为申诉处理最终环节。

拟订		审核		审批	

四、餐饮企业员工培训管理制度

公司标准文件		餐饮企业员工培训管理制度	文件编号	
版本	A/0		页次	

1 目的

为规范餐饮企业员工培训管理，特制定此制度。

2 适用范围

本制度适用于餐饮企业员工培训管理。

3 具体内容

3.1 各部门培训责任规定

3.1.1 培训部应承担的培训责任。

3.1.1.1 贯彻餐饮企业培训工作的各项规章制度及要求。

3.1.1.2 负责全店年度、月度培训计划及预算的制定及培训工作的组织、协调、实施。

3.1.1.3 受总经理及人力资源部经理委托，负责安排、检查各部门的年度、月度培训计划的制订及培训工作的实施。

3.1.1.4 每月30日前向各部门下达下一个月培训工作任务，并收取各部门当月培训工作汇报表。

3.1.1.5 培训部的培训活动侧重于举办入职培训、晋升培训、在职研讨、调职培训、管理人员培训和举办各类知识性专题培训班，安排店内外交叉及派出培训的组织和管理。安排各种来店实习生的组织和管理，组织全店性大型培训竞赛活动。

3.1.1.6 根据培训情况填写培训手册、培训卡。

3.1.2 各部门应承担的培训责任。

3.1.2.1 各部门应明确一名主管培训的总监或经理级人员名单，并负责与培训部进行工作沟通。

3.1.2.2 根据培训部下达的培训任务及本部门培训需求,制订部门的年度、月度培训计划,于每月12日前报培训部,并将培训活动中需培训部协调的有关事宜一并报培训部,由培训部负责统一解决。

3.1.2.3 各部门主办的培训活动侧重于贯彻餐饮企业服务标准,提高员工操作技能及待客态度、管理技能、技巧、应变能力等工作所需的培训项目。

3.1.2.4 各部门还应承担本专业的店内培训活动,如人力资源部承担节约控制费用培训、销售部承担营销技巧培训、电脑部承担电脑培训、保安部承担安全消防培训、工程部承担设施设备的维修保养培训及节能培训。各部门主管培训的总监或经理应出培训计划,在培训部协助下,完成培训任务。

3.2 员工在职培训考勤

3.2.1 所有员工,必须严格按培训部的通知参加培训,凡无故未参加者,新员工不得入职,其他在职参加培训的员工,严格按考勤制度处理。

3.2.2 应参加培训的员工不得迟到、早退和旷课,凡无故旷课者,作旷工处理,缺一节课为旷工一天,迟到或早退三次为旷课一节,以此类推。

3.2.3 培训期间,因特殊情况请假的员工,须提前以书面形式申请,经部门经理和培训部经理批准后,方可请假,并将假条送培训部备存。

3.3 培训考试

3.3.1 所有参加培训的员工都必须参加评估考试,凡无故不参加考试者,作缺勤或无薪下岗培训处理。特殊情况不能参加考试者,要以书面形式申请,方可补考。

3.3.2 参加考试不及格的员工,允许补考一次,再不及格,新员工取消录用资格,其他在职培训的员工,根据岗位要求和本人的表现作调整。

3.3.3 考试中有舞弊行为者,将在考勤中予以记录。

3.4 培训奖惩

3.4.1 在各项培训中,对出勤率高、表现突出,在考核中取得前三名者,颁发荣誉证书及申请总经理基金给予一定的物质奖励。

3.4.2 参加服务英语培训的员工,经英语定级考核(以口试为主),成绩突出者,可享受月英语津贴(中级×元、高级×元),每半年复考一次。

3.4.3 参加市旅游局的初、中级技术等级考核的员工,如在单项考核中取得前五名,餐饮企业给予奖励。考取初级职称者每月享受津贴×元,中级职称每月享受津贴×元。

3.4.4 参加省级以上比赛考核的员工,取得名次为餐饮企业争光,除给予通报表扬外,餐饮企业将给予适当的奖励。

3.4.5 考核不合格,视程度予以扣分处罚。

3.5 培训程序及标准

3.5.1 收集部门培训活动记录表。

3.5.2 培训课程评估。

| 拟订 | | 审核 | | 审批 | |

五、餐饮企业员工申诉处理办法

公司标准文件		餐饮企业员工申诉处理办法	文件编号	
版本	A／0		页次	

1　目的

本餐饮企业为维护劳资和谐，协助员工解决因工作招致的不满、不平及权益受损等事项，特制定本办法。

2　适用范围

本办法适用于餐饮企业申诉处理培训管理。

3　具体内容

3.1　本餐饮企业员工于在职期间发生下列情况的，可向相关单位提出申诉。

3.1.1　餐饮企业现行的制度、规章、办法或行政措施有未尽事宜，而侵害其权益者。

3.1.2　管理行为或工作指挥不当，致使遭受怨愤者。

3.1.3　人事规章及作业执行不当，有不公平的事招致士气受打击者。

3.1.4　因执行公务致权益受损者。

3.1.5　其他因违反法令规定或管理疏失造成权益受损者。

3.2　本餐饮企业申诉处理制度适用餐饮企业内"现职员工"为主，唯离职员工因工作关系，与本餐饮企业发生法定权益或其他重要事情者，可以将其列入。

3.3　申诉事由的提出可分为口头当面提出、电话联络告知、书面呈递与书面投邮等四种方式。第二阶段以后的提出，应以书面为主。

3.4　申诉案件经资格审核后，按下列程序处理。

3.4.1　员工有申诉事由的，可直接向工作单位的直属主管(如组长、领班)提出申诉，其提出的方式从前述四种择一为之，匿名的申诉书概不予受理。

3.4.2　若前阶段申诉的处理结果，申诉人不服者，可再向所属部门的主管提出申诉，且以书面方式提出。

3.4.3　若前阶段申诉的处理结果，申诉人不服者，可检具申诉答复书再向申诉处理委员会提出申诉，且以书面方式提出方得受理。申诉处理委员会以资方代表三人及劳方代表三人共同组成，并由总经理召集主持会议。

3.4.4　若前阶段申诉的处理结果，申诉人不服者，才可再向员工行政单位或员工服务团体提出申诉，且以书面方式提出方得受理。

3.5　申诉处理时间。

3.5.1　第一阶段的申诉处理人，应于接到申诉起3日内处理完毕，回复申诉人，并检具处理记录或申诉书第二联(副本)送交人事单位存查。

3.5.2　第二阶段的申诉处理人，应于接到申诉起五日内处理完毕，回复申诉人，并检具处理记录或申诉书第二联(副本)送交人事单位存查。申诉人对处理结果不满意时，应在3日内按照申诉制度循序再提申诉。

3.5.3　第三阶段的申诉应于30日内将申诉结果答复申诉人。

3.6 申诉人在申诉处理程序中,有接受查询、提供相关的事实资料且如实回复处理者的义务;在申诉处理程序存续期间,申诉人不得对外公开事由。在申诉案件未解决前,申诉处理者不得将申诉事由公开;不得对申诉人有歧视、胁迫、调职或其他不利的处分。相关的员工,在申诉处理调查期间,若因事实的需要,得出面作证或提供必要的资料,且不得将申诉事由公开,违者按规定议处。

3.7 申诉人可于申诉程序进行中撤回其申诉案。申诉人虽撤回其申诉案,但餐饮企业仍可视实际情形继续或终止处理。

3.8 申诉人及申诉处理者应保持实事求是的精神,凡申诉人有伪证、诬陷、欺瞒、恶意攻击或蓄意扰乱餐饮企业秩序的,应依规定惩处。

3.9 本办法由总经理核定,公布后实施,修订时亦同。

| 拟订 | | 审核 | | 审批 | |

六、餐饮企业首问责任制

公司标准文件		餐饮企业首问责任制	文件编号	
版本	A/0		页次	

1 目的

为了切实加强餐饮企业内部管理,强化服务意识,树立餐饮企业形象,明确客人投诉处理责任和程序,为客人提供满意服务,有效防止员工在向客人提供服务过程中出现相互推诿、相互扯皮的问题,特制定本实施细则。

2 适用范围

适用于餐饮企业全体员工。首问责任人是指当客人来餐饮企业,或是打电话给餐饮企业要求服务时,客人所接触到的第一位餐饮企业员工。

3 具体内容

3.1 首问责任制内容

依据餐饮企业管理程序,及时办理服务对象所需要办理的事务;热情接待、引导客人到所需要办理部门;负责解释没能达到目的的原因。

3.2 首问责任制要求

3.2.1 热情接待客人提出的咨询、投诉问题。无论是否属于本部门、本单位范围的情况,首问负责部门或个人都必须主动热情,不得以任何借口推诿、拒绝、搪塞客人或拖延处理时间。

3.2.2 认真办理。凡客人投诉的问题,属于本部门范围内的,一律在本部门解决。首问负责部门或个人能立即答复的,必须当即答复客人并认真做好解释工作。对由于客观原因不能当即答复的,或不属于本人职责范围内的问题,在处理时应向客人说明原因,并取得客人的谅解。

3.2.3 礼貌待人。凡客人咨询、投诉的问题,在本部门无法解决的,应详细记录客人提出的问题,留下客人姓名、地址、联系电话,并填写好投诉、查询处理单,在1小时以内转交(传真)给相关部门处理,同时传报给质检部,以便监督检查和汇总考核。

3.2.4 讲究效率。接到处理单的部门，必须立即指定责任人处理，并根据处理的不同难度在1个工作日内将处理结果答复客人，同时将处理结果反馈至发单部门及首问负责部门或个人及质检部。

3.2.5 及时协调。客人咨询、投诉的问题比较复杂，本部门无法解决或涉及两个以上（含两个）部门无法解决时，报相关职能部门协调解决。

3.2.6 首问负责人或部门在处理客人投诉、咨询时，要尽可能在本部门范围内解决，确属无法解决时，才可以转至其他部门处理。客人投诉处理单如果报至质检部、公司分管副总经理、餐饮企业总经理，即视为投诉问题"矛盾升级"。质检部在汇总评比时要对各部门处理投诉问题"矛盾升级"的情况予以统计通报。

3.2.7 凡客人投诉处理单在本部门传送时，除首问负责人签名外，各部门要对处理情况由负责人或指定负责人签名签章确认。

3.2.8 首问负责人在得到处理部门的反馈意见后，要及时回访客人，核实处理部门答复客人情况。质检部要对投诉处理情况和回访客人情况进行抽查。

3.2.9 答复客人提出的问题时，既要准确，又要掌握政策，坚持实事求是的原则。对于不清楚、掌握不准确的问题，应及时请示相关领导并给客人一个准确的解答。

3.2.10 质检部按"首问责任制"考核处罚办法，对客人咨询、投诉的处理过程进行监督、检查、考核，并定期在餐饮企业内进行通报。

3.2.11 任何部门或个人都无权拒绝接受转交的客人投诉处理单，如确非本部门职责范围内的，应签注明确意见退还转交部门或转交下一个部门处理。在处理客人投诉、咨询、查询中，如发生拒绝、推诿、扯皮现象，对双方责任单位和责任人同等处罚。

3.2.12 若"处理单"明显不属于本部门受理，但首问责任人（或部门）仍执意要转至某部门导致延误处理时限的，一经查实，质检部要给予通报批评并予以相应的经济处罚。

3.2.13 在受理、处理客人投诉、咨询问题时，"客人投诉记录表"以班组为单位负责填写，每月汇总质检部；后勤部门以科室为单位负责填写并按月汇总质检部。

3.3 首问责任制处罚制度

"首问责任制"实行责任考核，即对人或部门考核是建立在责任制基础上的，一旦引起客人投诉，要按各环节出现的问题承担相应的责任，受到相应的处罚。具体由质检部负责监督检查和汇总考核。

3.3.1 首问负责部门或个人借故推辞客人，引起客人不满造成二次投诉的，一经核实，扣罚责任人当月效益工资100元；与客人发生争吵造成不良影响的，按"重大服务质量事故处罚办法"予以处罚。

3.3.2 相关支撑部门拒绝接受转诉或超时限查处的，一经核实，由质检部对相关责任部门通报批评，并扣罚责任人当月效益工资100元。

3.3.3 对客人提出的问题由于处理不当，造成客人重复投诉或上访的，由质检部追查责任，并根据不同情况对责任部门或责任人予以处罚。

3.3.4 对客户投诉、咨询的问题，按工作职责划分，本应由本部门解决但不认真解决处理，推卸责任，将处理单转至其他部门，拖延处理时间的，一经查实，由质检部对相关责任部门通报批评，并扣罚责任人当月效益工资100元。

3.3.5 由于处理不当被上级主管部门通报批评或新闻媒体曝光的,一经核实,按照"重大服务质量事故处罚办法"进行处罚。

3.4 附则

3.4.1 凡涉及首问责任制与现有岗位职责不一致的,在岗位职责中增加"有接受客人咨询、投诉,并负责处理的职责",以前相关程序如有与本细则冲突的,以本细则为准。

3.4.2 除餐饮企业质检部外,各部门都必须明确1～2名专门负责处理客人咨询、投诉问题的专(兼)职人员。

3.4.3 质检部负责对餐饮企业各部门首问责任制落实情况进行统计、汇总、评比和奖励。具体考核办法由质检部另行制定下发。

3.4.4 本细则由餐饮企业人力资源部负责解释。

拟订		审核		审批	

七、餐饮企业员工通道管理规定

公司标准文件		餐饮企业员工通道管理规定	文件编号	
版本	A/0		页次	

1 目的

为规范餐饮企业管理和避免餐饮企业物品流失,特对员工出入餐饮企业有关事宜作出规定。

2 适用范围

本规定适用于餐饮企业全体员工。

3 具体内容

3.1 原则上餐饮企业所有员工上下班必须走"员工通道",不可走其他任何出入通道,并且凭"员工证"出入餐饮企业。

3.2 出入员工通道时只可在餐饮企业后侧绕行,不可走餐饮企业门前。

3.3 部门经理级及以上员工、区域当值服务员和管理人员及特殊情况报批后可走其他通道。

3.4 部门经理级及以上员工、区域当值服务员和管理人员及特殊情况报批后可乘客用电梯,其他员工均不可乘坐客用电梯。

3.5 下班后不得无故在餐饮企业的任何营业场所滞留(消费除外)。

3.6 餐饮企业员工在携带大型物品或类似餐饮企业物品出餐饮企业时必须要有部门经理或总监签字的"员工(客人)公物携出单"方可携带外出,"员工(客人)公物携出单"在出"员工通道"时应主动交给保安员后上交保安部,否则保安有权扣押并上报人力资源部。

3.7 坚决禁止携带易燃易爆等危险品进入餐饮企业,违者送交公安机关处理。

3.8 员工通道内禁止任何机动车辆或非机动车辆进入,特殊情况需部门经理或总监书面批准后方可入内。

3.9 非餐饮企业员工出入员工通道时，保安对其携带物品有权进行必要的检查，没有餐饮企业"员工（客人）携出单"时绝不允许携带餐饮企业任何物品出去，有类似情况保安应即时上报值班主管。

拟订		审核		审批	

八、餐饮企业员工工牌管理规定

公司标准文件		餐饮企业员工工牌管理规定	文件编号	
版本	A / 0		页次	

1 目的

为了加强管理，提高服务质量，更好地体现出餐饮企业员工的职业风范，凡员工上岗必须佩戴工牌。

2 适用范围

本规定适用于餐饮企业全体员工。

3 具体内容

3.1 发放范围：在餐饮企业任职的正式员工、试用期人员和实习生。

3.2 部门经理级及以上人员佩戴集团标志。

3.3 部门经理级以下人员佩戴工牌，牌面上员工本人的工号及部门以英文名为主。

3.4 试用期内人员及实习生佩戴"Trainee"牌。

3.5 员工在工作岗位上必须将工牌端正地佩戴于左上胸部。

3.6 凡不佩戴工牌者将处以罚款。

3.7 不得互换工牌，凡发现佩戴其他员工工牌者，将给予警告，并处以罚款。

3.8 佩戴一年以上，磨损不能使用的工牌在更换时不收费。佩戴不足一年因磨损不能使用的工牌，视磨损程度收取一定的工本费。

3.9 凡属丢失或故意损坏需要更换工牌者需要缴纳工本费。

3.10 离职人员需将工牌交回人力资源部，不能交回者需在工资中扣回工本费。

拟订		审核		审批	

九、餐饮企业员工宿舍值班管理规定

公司标准文件		餐饮企业员工宿舍值班管理规定	文件编号	
版本	A / 0		页次	

1 目的

为了加强员工宿舍值班管理，特制定本规定。

2 适用范围

本规定适用于餐饮企业全体员工。

3 具体内容

3.1 值班时间。

早班：8:00—16:00。

中班：16:00—24:00。

夜班：24:00—8:00。

值班时间不得随便离岗，如因特殊情况，必须先请假并有人代岗，各班交接必须提前10分钟办好交班手续。

3.2 严格执行"宿舍管理制度"，坚持原则，认真履行职责。

3.3 注重个人言行举止和仪容仪表。对待员工及客人来访，热情有礼，亲切和蔼。说话多使用"请""谢谢""对不起""请稍等"的礼貌用语。对身份不明、动机不纯者，当值人员有权制止进入宿舍区，必要时与保安部取得联系。

3.4 多巡察，及时发现问题，杜绝一切安全隐患和浪费现象(如水、电等)，熟练掌握灭火器的用法，熟悉紧急情况的疏散规程。

3.5 不准在值班岗位聚众闲谈、睡觉、看书报、听录音机等。

3.6 做好来访、入住、辞职人员及巡查等情况的值班记录。

3.7 为员工提供优质服务，积极协助员工解决实际困难。

3.8 听从领班的工作指示，同心协力做好宿舍管理工作。

拟订		审核		审批	

十、餐饮企业宿舍卫生检查标准及奖惩规定

公司标准文件		餐饮企业宿舍卫生检查标准及奖惩规定	文件编号	
版本	A／0		页次	

1 目的

为了加强宿舍卫生检查标准及奖惩管理，特制定本规定。

2 适用范围

本规定适用于餐饮企业全体员工。

3 具体内容

3.1 节约开支，保持宿舍卫生整洁，为员工创造一个良好的休息环境。

3.2 卫生检查内容。

3.2.1 白天不开灯，不无故开风扇，晚上睡觉后要关灯，人走后关灯和关风扇，严禁长流水，用后及时关紧水龙头。

3.2.2 床上用品整洁干净，床下物品摆放整齐，室内无异味，地面上无垃圾或积水，洗手间干净无异味；其他与卫生相关内容。

3.3 评比标准：优、中、差，共三个等级。

3.4 评比方法：每间宿舍评选出一名舍长，专门负责该宿舍的卫生，由舍长安排每天卫生值班人员。宿舍管理员负责进行每天例行检查，根据检查内容对每个房间进行优、中、差三等级评级，并进行登记，每月月末进行统计，根据统计结果评选出月内最佳宿舍3个和最差宿舍3个。

3.5 奖惩办法：最佳宿舍舍长奖励2%的工资，其他人员奖励1%工资；最差宿舍舍长罚款2%的工资，其他人员罚款1%工资，均在当月工资中体现；最佳宿舍及最差宿舍将在员工板报栏中公布。

拟订		审核		审批	

十一、餐饮企业员工入职管理制度

公司标准文件		餐饮企业员工入职管理制度	文件编号	
版本	A/0		页次	

1 目的
为规范餐饮企业员工入职管理，特制定本制度。

2 适用范围
本规定适用于餐饮企业全体员工。

3 具体内容

3.1 招聘原则
因事设岗，因岗择人；先店内，后店外；公开招聘，平等竞争，择优录用。

3.2 招聘条件

3.2.1 一线员工基本要求。
（1）18～26岁，实际表现无劣迹，品质优良，身体健康，气质高雅。
（2）高中以上学历（特殊岗位或有特殊技能可适当放宽）。
（3）普通话标准（英语或其他语种流利可优先考虑）。
（4）身高：女158cm以上，男170cm以上。

3.2.2 后勤或其他工种则根据部门及岗位需要。

3.3 招聘步骤

3.3.1 用人部门根据本部人员编制及淡旺季等情况，通过与人力资源部协商，有计划地招聘人员。

3.3.2 员工提出辞职，部门应在3日之内以书面形式上报人力资源部，以便人力资源部提前进行人力调配。

3.3.3 任何面试人员必须首先到人力资源部面试，经人力资源部主管考核签字后方可到用人部门进行第二次面试，由用人部门确定职位、工资、入职日期（每周一，若有特殊情况请预先通知人力资源部），后返回由人力资源部经理复核，再逐级审批后方可到人力资源部办理入职手续，否则视为无效。各级别员工入职最终审批权限及程序见下表。

新员工入职审批级别及权限

审批级别	报批级别及权限					
董事会	◎					
总经理	◎	◎	◎	◎	◎	

续表

审批级别	报批级别及权限					
主管副总经理	◎	◎	◎	◎	◎	◎
人事行政总监	◎					
部门总监		◎	◎	◎	◎	◎
人力资源部经理		◎	◎	◎	◎	◎
部门经理				◎	◎	◎
	总监级	部门经理级	分部经理级	主管级	领班级	员工级

3.3.4 入职前员工必须准备好如下资料：身份证、本人有效学历证、相关资格证书、健康证、照片、制服押金××元；保安员须有户口所在地公安部门"无犯罪记录"证明书。

3.3.5 入职手续办理时间为每周一，入职培训时间为每周二及周三，到部门报到时间为每周四，部门在三个月内必须安排新入职员工进行部门内部的业务知识及技能培训。

拟订		审核		审批	

十二、餐饮企业员工离职管理制度

公司标准文件		餐饮企业员工离职管理制度	文件编号	
版本	A/0		页次	

1 目的

为规范餐饮企业员工离职管理，特制定本制度。

2 适用范围

本制度适用于餐饮企业全体员工。

3 具体内容

3.1 员工辞职须向部门提交书面辞职申请。试用期内提前7日提交，试用期后提前30日提交，否则扣除7日（试用期内）或30日（通过试用期转正后）工资作为提前通知款。

3.2 部门在收到员工辞职申请后，应首先了解辞职原因（可以挽留应尽量挽留），后由部门填写离职审批单，经员工本人及部门经理或总监签字后于3日内送交人力资源部。员工辞职审批权限及程序见下表。

员工辞职审批权限及程序

审批级别	报批级别及权限					
董事会	◎					
总经理	◎	◎	◎	◎	◎	
主管副总经理	◎	◎	◎	◎	◎	◎

续表

审批级别	报批级别及权限					
人事行政总监	◎	◎	◎	◎	◎	◎
部门总监		◎	◎	◎	◎	◎
人力资源部经理			◎	◎	◎	◎
部门经理				◎	◎	◎
	总监级	部门经理级	分部经理级	主管级	领班级	员工级

3.3 如员工属自动离职（连续3日旷工），则部门应于第四天将离职审批表报人力资源部。

3.4 被开除员工的部门应于当天上报离职审批表至人力资源部并通知员工。被开除员工须于即日办理离职手续，餐饮企业将永不再录用。

3.5 如部门根据营业需要进行裁员，应提前7日（试用期内）或1个月（通过试用期转正后）通知员工本人，并在3日内以书面形式上报人力资源部。

3.6 经过以上级别逐一审批后，在最后工作日由员工本人到人力资源部领取离职清单，并于3日内办完全部离职手续及结账手续。

3.7 未过试用期的员工辞职时须扣除培训及其他有关费用100元。

3.8 如因劣迹被餐饮企业开除或辞退的员工将永不再录用，被裁员的员工将根据其表现在一年以后考虑再录用。

拟订		审核		审批	

十三、餐饮企业员工试用期转正规定

公司标准文件		餐饮企业员工试用期转正规定	文件编号	
版本	A/0		页次	

1 目的
为规范餐饮企业员工试用期转正管理，特制定本制度。

2 适用范围
本规定适用于餐饮企业全体员工。

3 具体内容
3.1 原则上所有新入职员工试用期一般为3个月，不准提前转正，特殊情况须报人力资源部及总经理批准后方可提前转正。

3.2 试用期内享受餐饮企业规定的工资及福利待遇。

3.3 试用期合格后，先由员工本人填写"新员工部门入职培训检查表"及试用期内的工作总结，再由部门出具"人事考核变动表"，对该员工试用期内的总体表现做书面考核，后统一报至人力资源部，经逐级报批后方可生效。

3.4 如不能通过试用期，部门应出具"人事考核变动表"注明原因及延长试用期时间（最长不得超过3个月）。

3.5 如员工在试用期内表现不合格、体检不合格或被发现个人资料有虚假成分,餐饮企业有权予以即日辞退并不予任何补偿。

3.6 如员工在试用期内提出辞职,需要提前7日以书面形式通知餐饮企业或以7日工资补偿代替通知。

3.7 试用期内辞职的员工应向餐饮企业缴纳人民币100元(手续费、办证费及培训费)。

3.8 转正的员工享受餐饮企业规定的工资及福利待遇。

3.9 转正的员工,如因个人原因提出辞职,应提前1个月以书面形式通知本部门或以1个月工资补偿代替通知。如因餐饮企业裁员,部门应提前1个月以书面形式通知员工本人,否则予以1个月工资补偿代替通知。

3.10 如员工在试用期过后严重违反餐饮企业规定,餐饮企业有权即日辞退并不给予任何补偿。

3.11 相关人事变动各部门应在3日之内以(试用期内需当天)书面通知人力资源部。

拟订		审核		审批	

十四、餐饮企业员工假期管理规定

公司标准文件		餐饮企业员工假期管理规定	文件编号	
版本	A/0		页次	

1 目的

为规范餐饮企业员工假期管理,特制定本制度。

2 适用范围

本规定适用于餐饮企业全体员工。

3 具体内容

3.1 员工各种假期的申请,无论时间长短,一律填写"假期申请表",由部门经理或总监批准后生效,请假归来需向部门经理或总监销假。"假期申请表"填写两份,一份交人力资源部,一份留部门存查。

3.1.1 主管级及以下员工请假由部门经理或总监批准生效,主管级以上人员请假需报总经理,批准后方可生效,并需报人力资源部备案。

3.1.2 部门经理或总监可批准本部门员工(包括主管)请假3天,3天以上由部门经理或总监在"假期申请表"中签署意见,由人力资源部审批,特殊情况需报总经理审批。各部门员工请假后的有关工作等均由各部门自行安排。

3.2 假期分类。

3.2.1 法定假日。元旦1天、春节3天、清明节1天、五一劳动节1天、中秋节1天、国庆节3天,合计10天。法定假日由部门安排轮休,遇法定假日正常上班的,由部门安排补休,若部门因工作不能安排休息或补休,则按加班规定履行审批手续后发给加班工资。

3.2.2 年假。凡在餐饮企业工作满一年，出勤率在95%以上的员工，可获有薪年假7天，经理级以上可获10天（含例假不含法定假日）。休年假必须提前15天申请，填写"假期申请表"后由部门主管审批，报人力资源部备案。高级主管级及以上员工申请年假须经总经理审批方为有效。年假原则是不得延至下年度，特殊情况须由总经理审批。

3.2.3 事假。请事假必须提前一天向部门经理申请。如属急事来不及当面请假，必须在24小时内以其他方式（如电话）补办请假手续。凡请假者需仔细填写"假期申请表"，请假3日以内由部门经理批准，4～10日须经人力资源部审批。原则上未经人力资源部和总经理的特别审批，事假一年内累计不得超过20天。事假1日扣1日工资。

3.2.4 病假。休病假者必须由餐饮企业医生开具病假证明。休病假的员工需填写"假期申请表"，附病假证明，经部门经理或总监批准后报人力资源部。突发性急病需休假者，应在24小时之内电话通知部门经理或总监，回来后出具医院开具的急诊及病假证明并补办请假手续。员工一年内只有6日有薪病假，超过则为无薪假。

3.2.5 丧假。员工直系亲属（三代以内）去世者，餐饮企业给予3日有薪假期。员工应先填写"假期申请表"，由部门经理或总监批准后，附有关证明报人力资源部备案。

3.2.6 工伤假。经有关医院或餐饮企业医生开具证明，填写"假期申请表"，经部门经理或总监批准后，附有关证明报人力资源部备案。

3.2.7 产假。符合国家计划生育政策的在职女员工，在入职满一年后可享受90日有薪产假。经有关医院或餐饮企业医生开具证明并出具"准生证"，填写"假期申请表"，经人力资源部经理或总监批准后方可休假，附有关证明报人力资源部备案。

| 拟订 | | 审核 | | 审批 | |

十五、餐饮企业员工考勤管理规定

公司标准文件		餐饮企业员工考勤管理规定	文件编号	
版本	A／0		页次	

1 目的

为对员工出勤情况进行考察，严格执行餐饮企业劳动纪律，提高餐饮企业服务质量和效益，特制定本规定。

2 适用范围

本规定适用于餐饮企业全体员工。

3 具体内容

3.1 员工必须按所在部门编排的班次上班，按时上、下班。上、下班时必须按规定由本人在打卡机上记打时间，不得委托别人代为打卡。

3.2 凡已到上班时间，本人还未到岗位时即视为迟到，凡未到下班时间，提前离岗打卡下班即为早退。如果员工打卡后没按规定时间到达指定工作岗位，同样视为迟到。迟到或早退每次均以十分钟为限，超过十分钟则按两次迟到或早退计算，如果员工每月迟到一次扣除工资的1%，两次2%，依此类推，5次以上者扣除当月工资。

3.3　凡超过迟到时间1小时以上，或超过规定上班时间1小时未到达指定工作岗位，又无充分理由并办理补假手续者，视为旷工。旷工扣除当日工资，并罚款5%的工资，旷工2日者，给予最后警告，罚款50%工资，连续旷工3日或3日以上者按自动离职处理，并扣除当月工资。

3.4　部门在每月月末前将部门考勤做好，当月考勤如有变动应提前做好记录。人力资源部有权随时查阅各部考勤记录，并按考勤核查在岗人员，如不在岗或脱岗并不能说明原因将按旷工论处。

拟订		审核		审批	

十六、餐饮企业员工工资保密制度

公司标准文件		餐饮企业员工工资保密制度	文件编号	
版本	A/0		页次	

1　目的

为切实保证按劳取酬、按效益取酬、按责取酬、按技取酬、按岗取酬，打破平均主义，体现按劳分配的原则，使餐饮企业工作、奖金改革分配政策正常实施，进而提高餐饮企业的管理质量和经济效益，特制定本制度。

2　适用范围

本规定适用于餐饮企业全体员工。

3　具体内容

3.1　工资保密制度及程序

3.1.1　工资奖金直接关系餐饮企业和员工切身利益，应依据规定和程序只限一定范围的人员操作。

3.1.2　根据餐饮企业实际情况，指定专人负责工资保密的日常工作。餐饮企业所有员工都有保守工资秘密的义务。

3.1.3　参与工资保密工作的机构及人员：总经理、副总经理、财务总监、人事行政总监、人力资源部经理、人事工资员、财务部经理、工资员。

3.1.4　部门总监只限知道本部内员工的工资，但不得向外泄露。

3.2　工资保密运作程序

3.2.1　普通员工工资，部门总监根据工资标准于员工入职时在入职表上填写工资标准，由人力资源部专人负责确定员工的工资变动，填写工资变动表，经人事行政总监及人力资源部经理签批，报总经理审批。

3.2.2　管理人员工资，人力资源部经理及人事行政总监根据总经理确定的管理人员的工资填写工资变动表，报总经理签批，转财务部。

3.2.3　参与工资保密工作的人员应严守工资秘密，不允许向外人及亲属泄露。若发现违反规定者，经核查属实依据情节轻重加以处理，轻者调离岗位，重者将按违纪处理，直至辞退。

3.2.4 上级与下级之间、部门之间、班级之间、员工之间也应遵守保密规定，做到不告知、不打听、不泄露工资和奖金所得。若发现违反纪律者，也将视情节轻重按违纪处理，直至辞退。

| 拟订 | | 审核 | | 审批 | |

十七、餐饮企业每月最佳员工评选规定

公司标准文件		餐饮企业每月最佳员工评选规定	文件编号	
版本	A/0		页次	

1 目的

为了不断提高服务质量和员工素质，激励员工不断进取，特制定本规定。

2 适用范围

本规定适用于餐饮企业全体员工。

3 具体内容

3.1 评选程序

3.1.1 每月最后一个周六之前，由部门经理或总监召集部门员工评选至少一名候选人参加当月的餐饮企业最佳员工称号的角逐。

3.1.2 所属部门经理或总监负责填写"最佳员工评估表"并附上候选人的照片后，上交人力资源部。

3.1.3 人力资源部在汇总了所有的"最佳员工评估表"后，将审核候选人的参选资格，并将所有候选人列入选票。

3.1.4 每月第一周的周二部门经理例会后，"最佳员工评选委员会"开会并采取不记名投票方式评选所有符合参选条件的候选人。

3.1.5 人力资源部将通知获选员工所属部门的负责人有关选举结果，并落实奖金和奖状（由总经理签字）事宜。

3.1.6 所属部门负责人将通知并安排当选员工按时参加每月第二个周三举行的"最佳员工表彰大会"。

3.1.7 每月第二个周三下午举办"最佳员工表彰大会"，届时由总经理颁奖，并同先进员工合影留念。

3.1.8 营销部（美工）将负责摄影和冲印照片，并于第二个周末前将照片交到人力资源部，于第三个周末前最佳员工照片张贴在"员工告示栏内"。

3.2 评选标准

3.2.1 出勤守时状况，如当月无病、事假，无早退、迟到等。

3.2.2 工作热情与主动性，如当月主动承担额外工作，并干劲十足。

3.2.3 工作数量与质量，如当月的工作数量与质量超过标准要求并高于其他员工。

3.2.4 工作知识与技能，如与工作相关的知识与技能超过标准要求并好于其他员工。

3.2.5 个人仪表与个人卫生，如个人仪表仪容及卫生符合餐饮企业规定并好于其他员工。 3.2.6 对他人的礼貌程度，如对客人和同事的言谈举止彬彬有礼、得体大方，并受到他人的好评。 3.2.7 处理人际关系水平，如与客人和同事的人际关系融洽和谐，并能处理好各种工作关系。 3.2.8 团队协作与助人为乐，如能团结同事、互帮互助、为集体增光、为餐饮企业添彩等。 3.2.9 主动培训与参加培训，如主动承担培训他人的工作，并积极参与餐饮企业的各种培训。					
拟订		审核		审批	

十八、餐饮企业新员工入职培训管理制度

公司标准文件		餐饮企业新员工入职培训管理制度	文件编号	
版本	A／0	^	页次	

1 目的

为了让餐饮企业新员工更好地了解餐饮企业，更快地进入工作角色，特制定本制度。

2 适用范围

本制度适用于餐饮企业全体新入职员工。

3 具体内容

3.1 准备工作

由培训部通报培训人员名单，制订新员工培训计划，安排培训教室和培训时间，确定培训科目和教导师，提前3日通知总经理及有关部门，准备好各类培训材料。

3.2 培训安排

3.2.1 所有新员工到指定地点签到。

3.2.2 请总经理与新员工见面并致欢迎辞。

3.2.3 请有关部门的经理与员工见面并简单介绍本部门的情况。

3.2.4 严格按新员工培训计划进行培训。

3.2.5 培训结束后进行考核，并将考核成绩记入本人培训档案。

3.2.6 请各部门领导迎接新员工到岗。

3.2.7 部门制订新员工业务技能培训计划，培训时间为1～3个月。

3.2.8 经部门对新员工培训考试合格后，方可正式上岗。

3.3 培训内容

3.3.1 餐饮企业培训。餐饮企业的历史；作为餐饮企业一员所肩负的使命、职业道德；餐饮企业的目标；餐饮企业的组织结构图；餐饮企业的管理人员任职名单；各部门所担当的角色、职能及产品；参观餐饮企业；餐饮企业的规章制度和工作程序；福利待遇；培训和发展机会；客房关系与好客服务；仪容仪表与个人卫生；防火安全。

3.3.2 部门培训。部门的职能与目标；部门与岗位的组织结构图；本部门、岗位与餐饮企业其他部门、岗位之间的关系；部门及餐饮企业的有关政策、规章制度和操作程序；参观部门各部位；介绍各工作组；工作的职责与责任；工作标准；工作评估；接受培训；向新员工说明合同中的条款、条件；有关待遇，如医疗保险、病事假；有关餐饮企业的规章制度及政策；参观员工通道及更衣室；更衣柜的钥匙；饭卡、工服、名牌、员工证；员工手册；向主管介绍新员工。

3.4 考核培训结果

3.4.1 餐饮企业考核内容。餐饮企业的基本服务设施；各娱乐场所和餐厅的营业时间；客房总数及类型；店规店纪、礼节礼貌；餐饮企业安全防火知识及灭火器的使用。

3.4.2 部门考核内容。新员工业务技能是否达到了合格标准。

3.4.3 部门考核后，填写培训跟踪表，报培训部。

3.5 填写培训档案

填写新员工的培训档案要清晰工整，将新员工的培训档案发至有关部门，将新员工培训计划和完成情况记录存档。

3.6 附则

3.6.1 所有新入店员工都必须参加由培训部组织的新员工入职培训。

3.6.2 除特殊情况外，新员工必须先培训后上岗。

拟订		审核		审批	

十九、餐饮企业员工人事档案管理规定

公司标准文件		餐饮企业员工人事档案管理规定	文件编号	
版本	A／0		页次	

1 目的

为了规范餐饮企业员工人事档案管理，特制定本规定。

2 适用范围

本规定适用于餐饮企业人事档案管理。

3 具体内容

3.1 人事档案内容

员工人事档案是关于员工个人及有关方面历史情况的资料，其主要包括如下内容。

3.1.1 记载和叙述员工的个人经历、基本情况、成长历史及思想发展变化进程的履历、自传材料等。

3.1.2 员工以往工作或学习单位对员工本人优缺点进行的鉴别和评价，对其学历、专长、业务及有关能力的评定和考核材料。

3.1.3 对员工的有关历史问题进行审查，选择与复查相关人事材料。

3.1.4 记载员工违反组织纪律而受到处分及受到各级各类表彰、奖励的人事材料。

3.2 人事档案保密

餐饮企业人力资源部对在员工入职时所填写的材料一定要调查核实，确保人事档案的真实性，对其档案内的一切材料不得加以删除或销毁，并且必须严格保密，不得擅自

向外扩散。

3.3 员工人事档案变更

员工入店后，由其本人填写"职位申请表"，其内容包括员工姓名、性别、出生年月、民族、籍贯、政治面貌、文化程度、婚姻状况、家庭住址、联系电话、家庭情况、个人兴趣爱好、学历、工作经历、特长及专业技能、奖惩记录等项目。项目内容如有变化，员工应以书面的方式及时准确地向人力资源部报告，以便使员工个人档案内有关记录得以相应更正，确保人力资源部掌握正确无误的资料。

3.4 员工人事档案的使用

员工人事档案为餐饮企业的决策部门提供各种人事方面的基本数据，并为人事统计分析提供资料。餐饮企业人事决策人员可以通过对有效数据的分析，了解餐饮企业人员结构的变动情况，为制定餐饮企业人力资源发展规划提供依据。餐饮企业要认真做好员工档案材料的收集、鉴别、整理、保管和利用，充分发挥员工档案材料的作用，为餐饮企业人力资源的规范化管理奠定扎实的基础。

拟订		审核		审批	

二十、餐饮企业实习生管理规定

公司标准文件		餐饮企业实习生管理规定	文件编号	
版本	A/0		页次	

1 目的

为方便对实习生的统一管理，保持稳定，提高工作积极性，特制定本规定。

2 适用范围

本规定适用于餐饮企业所有实习生。

3 具体内容

3.1 因餐饮企业与实习生学校有实习协议，原则上所有实习生不予转正，实习期内享受餐饮企业与学校所签协议的工资。

3.2 除工资外，实习生享受餐饮企业正式员工应享有的食宿及员工活动等福利。

3.3 在实习期间实习生若表现极为突出者，或有特殊贡献，在实习期半年后，由部门报批、人力资源部审核及总经理批准后可转为餐饮企业正式员工，但必须有3个月的试用期，试用期内享受餐饮企业招聘人员试用期相应工资待遇，试用期过后方可享受正式员工相应的工资待遇。

拟订		审核		审批	

第九章
餐饮企业人力资源管理表单

☞ 第一节　表格化管理
☞ 第二节　餐饮企业人力资源管理表单范本

第一节　表格化管理

餐饮企业管理中的各类表格主要用于记录过程状态和过程结果，是企业质量保证的客观依据，也为采取纠正和预防措施提供依据，有利于服务标记和可追溯性。

一、表格登记过程中常见问题

表格在登记过程中常见以下问题。

（1）盲：表格的设置、设计目的、功能不明，不是为管理、改进所用，而是为了应付检查（比如，我们在填写质量报表时，本来该真实记录的内容，却为了应付检查而进行更改）。

（2）乱：表格的设置、设计随意性强，缺乏体系考虑；表格的填写、保管收集混乱，责任不清。

（3）散：保存、管理分散，未作统一的规定。

（4）松：记录填写、传递、保管不严，日常疏于检查，达不到要求，无人考核，且丢失和涂改现象严重。

（5）空：该填不填，空格很多，缺乏严肃性、法定性。

（6）错：写错别字，语言表达不清，填写错误。

二、表格设计和编制要求

（1）要注意表格并非越多越好，正确的做法是只选择那些必要的原始数据作记录。

（2）在确定表格的格式和内容的同时，应考虑使用者填写方便并保证能够在现有条件下准确地获取所需的信息。

（3）应尽量采用国际、国内或行业标准，废除多余的表格，修改不适用的表格，沿用有价值的并增补必需的，按要求统一编号。

三、表格填写要求及注意事项

要确保表格具有可溯性，必须正确地填写，具体的填写要求及注意事项见表9-1。

表9-1　表格填写要求及注意事项

序号	填写要求	说明
1	用笔要求	记录用笔可以是钢笔、圆珠笔或签字笔，不应用红笔，这些笔能够确保记录永不褪色
2	记录的原始性	就是当天的运作当天记、当周的活动当周记，做到及时和真实，不允许添加水分，使记录真实可靠
3	清晰准确	语言和用字都要规范，不但使自己能看清楚，也能使别人看清楚

续表

序号	填写要求	说明
4	笔误的处理	在填写记录出现笔误后,不要在笔误处乱写乱画,甚至涂成黑色或用修改液加以掩盖,处理笔误的正确方法是:在笔误的文字或数据上,用原先使用的笔墨画一横线,再在笔误处的上行间或下行间填上正确的文字和数值
5	空白栏目不能不填	填写的方法是在空白的适中位置画一横线,表示记录者已经关注到这一栏目,只是无内容可填,就以一横线代之,如果纵向有几行均无内容填写,也可用一斜线代之
6	签署要求	记录中会包含各种类型的签署,有作业后的签署,有认可、审定、批准等签署,这些签署都是原则、权限和相互关系的体现,是记录运作中不可少的组成部分,任何签署都应签署全名,同时尽可能清晰易辨,不允许有姓无名或有名无姓的情况存在

四、表格管理和控制要求

表格的管理和控制要满足以下要求才能更好地被追溯,表格管理和控制要求见表9-2。

表9-2　表格管理和控制要求

序号	管理项目	说明
1	标示	应具有唯一性标志,为了便于归档和检索,记录应具有分类号和流水号;标志的内容应包括表格所属的文件编号、版本号、表号、页号,没有标志或不符合标示要求的记录表格是无效的表格
2	储存和保管	记录应当按照档案要求立卷储存和保管,记录的保管由专人或专门的主管部门负责,应建立必要的保管制度,保管方式应便于检索和存取,保管环境应适宜可靠、干燥、通风,并有必要的架、箱,应做到防潮、防火、防蛀,防止损坏、变质和丢失
3	检索	一项管理活动往往涉及多项表格,为了避免漏项,应当对表格进行编目,编目具有引导和路径作用,有利于表格的查阅和使用,使查阅者对该项管理活动的记录能有一个整体的了解
4	处置	超过规定保存期限的表格,应统一进行处理,重要的含有保密内容的表格须保留销毁记录

第二节　餐饮企业人力资源管理表单范本

一、餐饮企业人力资源净需求评估表

餐饮企业人力资源净需求评估表见表9-3。

表9-3 餐饮企业人力资源净需求评估表

人员状况		第一年	第二年	第三年	……
需求	1.年初人力资源需求量				
	2.预测年内需求的增加				
	3.年末总需求				
	4.年初拥有人数				
	5.招聘人数				
	6.人员损耗				
	其中：退休				
	调出或升迁				
	辞职				
	辞退或其他				
	7.年底拥有人数				
净需求	8.不足或有余				
	9.新进人员损耗总计				
	10.该年人力资源净需求				

二、餐饮企业按类别分的人力资源净需求

餐饮企业按类别分的人力资源净需求见表9-4。

表9-4 餐饮企业按类别分的人力资源净需求

人员类别（按职务分）	现有人员	计划人员	余缺	预期人员的损失						本期人力资源净需求
				调职	升迁	辞职	退休	辞退	其他	合计	
高层管理者											
中层管理者											
部门主管											
一般员工											
……											
合计											

三、餐饮企业人力资源规划表

餐饮企业人力资源规划表见表9-5。

表9-5　餐饮企业人力资源规划表

序号		第一年	第二年	第三年	……	备注
1	餐饮企业年增长预测					
2	餐饮企业年业务收入					
3	餐饮企业利润率预测					
4	员工总人数计划					
5	各职位人数计划 □高层领导 □部门经理 □部门主管 □员工					
6	各部门人数计划 □总经理办公室 □行政办公室 □前厅部 □财务部 □人力资源部 □客房部 □餐饮部 □安保部 □工程部 其他					

四、部门招聘需求表

部门招聘需求表见表9-6。

表9-6　部门招聘需求表

申请原因						
餐饮企业人员需求状况介绍						
需求部门	需求专业	学历	性别及需求人数			拟安排岗位
			男	女	不限	

五、招聘申请单

招聘申请单见表9-7。

表9-7　招聘申请单

编号：　　　　　　　　日期：

部门		本年度编制数		现有人数	
岗位名称		现岗位人数		拟招聘人数	
招聘原因：□人员离职　□新增岗位　□工作量增加　□后备储备　□其他 说明：					
拟聘岗位职责：					
招聘要求	教育程度：			专业：	
	工作经验：			工作年限：	
	性别：			健康状况及形象要求：	
	外语水平：			个性要求：	
	技能要求：			其他：	
希望到岗工作时间：					
用人部门意见： 　　　　　　　年　　月　　日			用人部门主管意见： 　　　　　　　年　　月　　日		
人力资源部意见： 　　　　　　　年　　月　　日			餐饮企业领导意见： 　　　　　　　年　　月　　日		
招聘安排 （人力资源部填写）					
招聘渠道	□招聘网站　□内部招聘　□内部推荐　□猎头公司　□招聘会　□其他				
招聘负责人		人力资源部面试人		用人部门面试人	
面试时间			面试地点		
体检时间			体检地点		
资历验证安排			学历验证安排		

备注：此表一式三份，用人部门、人力资源部（存档）、招聘负责人各持一份。

六、招聘会工作安排表

招聘会工作安排表见表9-8。

表9-8 招聘会工作安排表

名称					
时间		地点		展位号	
准备情况					
	展位布置		时间:	负责人:	
	携带物资情况		数量	负责人	是否准备好
餐饮企业情况介绍	宣传展板				
	餐饮企业简介小册子				
	餐饮企业形象片、电脑、电源线插座				
招聘材料	参展证件				
	招聘信息展板				
	应聘人员登记表				
	签字笔、荧光记号笔、名片				
工具	桌布、别针、胶带				
	尼龙线、挂钩、剪刀				
	其他：如餐饮企业的小纪念品				
人员安排					
时间					
参加人员					
其他安排					
车辆					
时间					
负责人					

七、应聘人员登记表

应聘人员登记表见表9-9。

表9-9 应聘人员登记表

应聘职位				照片
姓名		性别		
出生年月		民族		
所在系别		所学专业		
毕业学校		最高学历		
身高：_____厘米　体重：_____千克　英语水平：_____				
兴趣爱好		健康状况		
通信地址		邮政编码		
联系电话		传真		
主要学习、工作经历：				
餐饮企业专业知识及能力：				
备注		薪金要求		

八、面试人员测评表（初试、复试）

面试人员测评表（初试、复试）见表9-10。

表9-10　面试人员测评表（初试、复试）

岗位：　　　　主持人：　　　　时间：　　年　　月　　日

姓名	测评内容															是否转入其他岗位面试（若转，请具体注明）	是否通过面试		备注
	1				2				3				4					是	否	
	A	B	C	D	A	B	C	D	A	B	C	D	A	B	C	D				

注：1.面试主持人应在面试前填写"测评内容"的具体项目。

2."是否通过面试"只表明是否通过本次面试，不表明通过面试者一定会被录用。

3.请将通过面试的人员直接介绍到办公室谈待遇问题。

4.面试结束后，请及时将此表随面试人员资料送交办公室，以免延误招聘进程。

九、录用通知书

录用通知书见表9-11。

表9-11　录用通知书

录用通知书

　　＿＿＿＿先生（女士）

　　您好！感谢您对本餐饮企业的信任和大力支持。

　　非常荣幸地通知您，经过考核审查，本餐饮企业决定正式录用您为本餐饮企业职工，请您按以下通知到餐饮企业报到。

　　另，接通知后，如您的住址等有变化，请直接与餐饮企业人力资源部联系。

　　　　　　　　　　　　　　　　　　　　餐饮企业名称：＿＿＿＿＿＿＿

　　　　　　　　　　　　　　　　　　　　联系人：＿＿＿＿＿＿

　　　　　　　　　　　　　　　　　　　　　　　　年　　月　　日

1.报到时间：　　年　　月　　日　　上（下）午　　时　　分

2.报到地址：

十、餐饮企业新进员工报到会签单

餐饮企业新进员工报到会签单见表9-12。

表9-12 餐饮企业新进员工报到会签单

姓名		职位		到职日	
工号		单位		成本中心	
会签单位	审核项目			审核意见	审核人签章
人事单位	●发放识别证 ●派发员工手册 ●派发移交清册				
总务单位	●工作服发放 ●物品借用名册 ●发放用餐卡				
宿舍	●发放寝具：棉被、枕头、床垫、脸盆、水桶、鞋子、饭盒 ●派发所需器材				
所属单位	●经办工作的告知，出示清单 ●经营的证件、档案、锁及其他物品的发放 ●经营的款项告知，并列清册				
财务单位	●登入借支名册 ●保管的备用金经手名册				
稽核	以上各项会签手续是否完整				

十一、试用期安排表

试用期安排表见表9-13。

表9-13 试用期安排表

入职日期：　　年　　月　　日

部门		职位		姓名	
直属上司		部门主管		试用期	
序号	工作或培训内容		试用期考核指标（对工作完成程度的要求）		
1					
2					
3					
4					

续表

本人已经全部了解并接受本"试用期工作安排表"中的所有事项。
试用人员：　　　　　　　　　　部门主管： 日期：　　　　　　　　　　　　日期：

备注：本表由用人部门进行填写，试用人员及部门主管签字确认后，请将原件在新员工入职一周内交人力资源部存档。

十二、员工试用期满考核表

员工试用期满考核表见表9-14。

表9-14　员工试用期满考核表

员工编号		姓名		性别		出生年月		学历	
试用部门				职位			到职日		
试用期限		自　　年　　月　　日至　　年　　月　　日止							
试用考勤									
（以下由人力资源部门填写）									
工作能力		□优秀　□良好 □一般　□差			对现任工作适任状况			□适任 □不适任	
试用期 工作态度		□积极　□一般 □不积极		主管评语					
试用期 成绩考核		□优秀　□良好 □合格　□不合格 □差							
最适任工作									
拟调职等									
								签名：	
总裁室 裁决					人力 资源部 意见				
		签名：						签名：	

部门主管：　　　　　　　　人事部：

十三、员工试用期满通知书

员工试用期满通知书见表9-15。

表9-15　员工试用期满通知书

员工试用期满通知书
＿＿＿＿先生（女士）：
您将于＿＿年＿＿月＿＿日试用期届满，根据餐饮企业有关规定及您在试用期的工作绩效和表现，经餐饮企业研究决定如下。
1.正式转正
自＿＿年＿＿月＿＿日起，我餐饮企业将正式录用您。
2.延长试用期
您的试用期将延长至＿＿年＿＿月＿＿日，到期后餐饮企业根据有关规定及您在延长试用期内的工作绩效和表现予以评定是否转正。
3.不予录用
自＿＿年＿＿月＿＿日起，我餐饮企业将与您解除劳动合同，请到人力资源部办理有关离职手续，谢谢您为我餐饮企业所作的贡献。

姓名	员工编号	所属部门	入职日期	职位	（转正后）职等级

人力资源部

签发人：

＿＿年＿＿月＿＿日

十四、餐饮企业考勤表

餐饮企业考勤表见表9-16。

表9-16　餐饮企业考勤表

员工编号	姓名	部门	年假	出差	病假	事假	旷工	调休	迟到	节假日加班/时			平时加班/时			备注
			天	天	时	时	时	时	次	加班费	调休	结余	加班费	调休	结余	

十五、请假单

请假单见表9-17。

表9-17 请假单

员工编号		员工姓名		部门	
岗位		工作交接人		填写时间	
请假时间： 年 月 日 时至 年 月 日 时，共 天 小时					
请假类别：□工假（换休、工伤、年休） □公假（产假、婚假、丧假、护理假） □病假（需县级以上医院住院证明） □事假 □探亲假 □其他（请说明）					
所附文件：					
交接事项：					
人力资源部核实实际天数： 年 月 日 时至 年 月 日 时，共 天 小时					

总经理： 部门经理： 直接领导： 申请人：

十六、加班申请表

加班申请表见表9-18。

表9-18 加班申请表

申请部门		加班时间	
加班事由：			
加班计划（工作人员名单及工作具体内容）			
部门意见			签字： 年 月 日
人力资源部意见			签字： 年 月 日

注：加班申请单一式两份，一份由申请人所在部门保存，一份由人力资源部备查。

十七、出差申请单

出差申请单见表9-19。

表9-19 出差申请单

出差人		部门	
差期	年 月 日至 年 月 日，共计 天		
出差地点			
出差事由			
部门负责人意见： 签字： 年 月 日			
主管意见： 签字： 年 月 日			

注：本表填毕后，原件、复印件分存办公室、本工作部门。

十八、差旅费报销清单

差旅费报销清单见表9-20。

表9-20 差旅费报销清单

出差人： 部门： 年 月 日

出差日期		地点		交通费	餐费	住宿费	杂费	其他费用	合计	说明
月	日	起	迄							
费用总计										
差旅费总额（大写）				□人民币 □美元 万 仟 佰 拾 元 角 分 整			预支旅费		应付（支）金额	
会计				核准			审核		收款人签字	

十九、员工调动申请表

员工调动申请表见表9-21。

表9-21 员工调动申请表

填表日期： 年 月 日

姓名		出生年月		拟调日期	
最高学历		学位		专业	
原部门			原岗位		
拟调往部门			拟调任岗位		
调动原因	□升职　□降职　□组织调动　□内部竞聘				
新岗位试用期	年 月 日起至 年 月 日止（共 个月）				
岗位职责	1. 2. 3.				
工资是否调整	□是（按_____发放）　□否				
调出部门 负责人意见	 　　　　　　　　　　　　　签名：　　　　　日期：				
调入部门 负责人意见	 　　　　　　　　　　　　　签名：　　　　　日期：				
人力资源部 负责人意见	 　　　　　　　　　　　　　签名：　　　　　日期：				
总经理审批	 　　　　　　　　　　　　　签名：　　　　　日期：				

二十、员工辞退通知书（一）

员工辞退通知书（一）见表9-22。

表9-22　员工辞退通知书（一）

<div align="center">员工辞退通知书</div> _____ 先生（女士）： 　　因为本餐饮企业的经营方针和业务发生重大的调整和变化，您所学的专业和您的经历、能力均不符合本餐饮企业的要求，故请您于____年__月__日离开本餐饮企业。 　　谢谢您多年来对本餐饮企业的支持和帮助。 　　您的一切待遇均按照国家法律法规、本餐饮企业的_____规定和劳动合同的约定处理。 <div align="right">_____餐饮企业 年　月　日</div>

二十一、员工辞退通知书（二）

员工辞退通知书（二）见表9-23。

表9-23　员工辞退通知书（二）

姓名		部门		职务	
到职日期	年　月　日	离职日期	年　月　日	工资	
辞退（辞职）原因					
上级主管意见				签字：	
人力资源部主管意见				签字：	
总经理意见				签字：	

注：此通知书一式三份，个人、上级主管、人力资源部门各一份。

二十二、离职申请表

离职申请表见表9-24。

表9-24 离职申请表

职员编号：				填表日期：			
姓名		单位		学历		职务	
到职日期		合同到期日				预订离职日	
离职种类：□辞职　　　□辞退　　　□合同到期							
1.您离职的原因： □薪资偏低　　　□福利不佳　　　□晋升机会　　　□工作环境　　　□工作时间长 □无法适应倒班　□人际关系　　　□上学进修　　　□健康因素　　　□无法调转人事关系 □家庭因素　　　□交通不便　　　□其他							
2.您对目前服务单位建议：							
3.您对餐饮企业建议：							
面谈记录：							
面谈人：							
人力资源部主管		餐饮企业总经理		部门主管		直属主管	

备注：本表应依核决权限逐级核准。

二十三、离职移交手续

离职移交手续见表9-25。

表9-25 离职移交手续

单位		职称		姓名	
已奉准于　　年　　月　　日离职，请依下列所载项目办理离职手续					
顺序	应办事项	经办部门	经办人签章	扣款金额	
1	经办工作交接清楚（业务人员应列册）	服务单位			
2	职章	总经理办		（限主管人员）	
3	住宿人员办理退舍	行政部			
4	缴回制服、钥匙				
5	缴回个人领用文具用品	行政部			
6	缴回员工手册	人力资源部			
7	缴回识别证				
8	办理退保退会				
9	填写离职人员意见表				
10	填停薪单送财务部				
11	填人员异动记录簿、取消插条、人员状况表、名册				
12	审核上列事项	人事主管			
13	有无欠账和财务未清事项	财务部			
14	发薪审核	财务主管			
备注	（1）上列事项必须完全办理清楚，方可离职 （2）财务部凭本单核发离职人员薪金后，转回人力资源部存查				

二十四、人员变动登记表（辞退、辞职）

人员变动登记表（辞退、辞职）见表9-26。

表9-26 人员变动登记表（辞退、辞职）

类别	生效日	姓名	性别	单位	职称	编号

二十五、培训计划表

培训计划表见表9-27。

表9-27 培训计划表

培训编号：

培训名称					培训时间	自		至	
培训课程时数及负责人									
课程	培训时间	负责人	起止时间		课程	培训时间	负责人	起止时间	
参加人员： 共 人，名单如下									
部门	职务	部门	职务	部门	职务	部门	职务	部门	职务
费用预算：									

二十六、员工培训反馈信息表

员工培训反馈信息表见表9-28。

表9-28 员工培训反馈信息表

培训名称及编号			参加人员姓名	
培训时间			培训地点	
培训方式			使用资料	
培训者姓名			主办单位	
培训后反馈信息	受训人员意见	（1）课程安排是否合理 （2）所学内容与工作联系是否密切 （3）主管是否支持本次培训 （4）对所学内容是否感兴趣 （5）所学内容能否用于工作中 （6）对教师的授课方式是否满意 （7）教师授课是否认真 （8）教师是否能够针对学员特点安排课堂活动		
		受训心得值得应用于本餐饮企业的建议：		
		对餐饮企业下次派员参加本训练课程的建议事项：		

二十七、在职员工受训意见调查表

在职员工受训意见调查表见表9-29。

表9-29 在职员工受训意见调查表

培训课程：	主办部门：
课程内容如何	□优 □好 □尚可 □劣
教学方法如何	□优 □好 □尚可 □劣
讲习时间是否适当	□适合 □不足
训练设备安排感到如何	□优 □好 □尚可 □劣
将来如有类似的培训，你是否还愿意参加	□是 □否 □不确定
参加此次讲习感到有哪些受益	（1）获得适用的新知识 （2）可以用在工作上的一些有效的研究技巧及技术 （3）将帮助我改变自己的工作态度 （4）帮助我印证了某些观念 （5）给我一个很好的机会，客观地观察我自己以及我的工作
其他建议事项	
备注	（1）本表请受训学员翔实填写，并请于结训时交予主办部门 （2）请将选答项号码勾在方框栏内 （3）请你给予率直的反应及批评，这样可以帮助我们将来对训练计划有所改进

二十八、员工工作业绩评估表

员工工作业绩评估表见表9-30。

表9-30 员工工作业绩评估表

部门：　　　　　　被评估人及职位：　　　　　　主评人及职位：

本季度工作目标、工作内容及评估标准（含季度初沟通和工作期间中增加的内容）		员工对本季度的工作进行总结	协作方评价意见	直接主管评估		
工作目标、工作内容	评估标准、工作要求			权重	分数	对员工下一阶段工作改善的指导意见或下一阶段的工作目标安排
本季度工作业绩总得分：						
主评人意见		被评估人意见		部门负责人审核意见		

附：业绩评估分数说明如下。

A类：完全超过岗位要求（$X=100$分）。工作业绩在部门内有目共睹，是团队工作中的"领头羊"和"领跑者"，积极努力，工作表现持续超过了岗位要求和主管期望，对团队阶段性目标的实现起着举足轻重的作用。

B类：部分超过岗位要求（85分$\leq X<100$分）。业绩表现突出，工作的完成情况令人满意，有许多方面能够成为他人学习的榜样，工作积极，没有工作失误的现象发生，工作表现部分超出了主管期望。

C类：符合岗位要求（75分$\leq X<85$分）。是可胜任的、称职的工作表现，工作完成情况符合岗位要求和主管期望，工作积极，基本上没有发生工作失误现象。

D类：部分符合岗位要求（60分$\leq X<75$分）。工作表现基本称职，有部分工作的完成情况不令人满意，需要一定的培训和指导，工作不太积极，有时需要督促或提醒。

E类：达不到岗位要求（60分以下）。工作业绩令人无法接受，经培训和指导后仍不能胜任岗位要求，无法再交互工作，处于这一水平的员工建议调岗或解聘。

二十九、员工行为评估表（季度评估用表）

员工行为评估表（季度评估用表）见表9-31。

表9-31 员工行为评估表（季度评估用表）

被评估人：　　　　　职位评估人：　　　　　评估日期：

各要素及总分		评估等级（请依据行为评估标准）	主管意见和期望
团队合作（10分）	合作精神（5分）	5（ ）4（ ）3（ ）2（ ）1（ ）	
	关心他人（3分）	5（ ）4（ ）3（ ）2（ ）1（ ）	
	激励他人（2分）	5（ ）4（ ）3（ ）2（ ）1（ ）	
协作、沟通（10分）	沟通态度（5分）	5（ ）4（ ）3（ ）2（ ）1（ ）	
	沟通效果（3分）	5（ ）4（ ）3（ ）2（ ）1（ ）	
	联系方便（2分）	5（ ）4（ ）3（ ）2（ ）1（ ）	
系统思考（10分）		5（ ）4（ ）3（ ）2（ ）1（ ）	
分析、回顾与总结（10分）		5（ ）4（ ）3（ ）2（ ）1（ ）	
学习与创新（10分）		5（ ）4（ ）3（ ）2（ ）1（ ）	
工作态度（20分）	积极性（6分）	5（ ）4（ ）3（ ）2（ ）1（ ）	
	责任心（10分）	5（ ）4（ ）3（ ）2（ ）1（ ）	
	纪律性（4分）	5（ ）4（ ）3（ ）2（ ）1（ ）	
客户服务导向（20分）	服务态度（10分）	5（ ）4（ ）3（ ）2（ ）1（ ）	
	客户信息管理（10分）	5（ ）4（ ）3（ ）2（ ）1（ ）	
质量保证（10分）	文档（5分）	5（ ）4（ ）3（ ）2（ ）1（ ）	
	流程遵守（5分）	5（ ）4（ ）3（ ）2（ ）1（ ）	
行为评估总得分：			

注：评估要素及分值各部门可根据部门实际要求进行调整，报人力资源部备案。

续表

1.本季度绩效评估总得分及总体评价：
2.为提高绩效，该员工应加强以下的学习或注意以下几方面不足（若填写空间不够，可另附件）：

评估人（我同意）：　　　　　被评估人（我同意）：

三十、员工绩效面谈记录表

员工绩效面谈记录表见表9-32。

表9-32　员工绩效面谈记录表

部门：　　　面谈双方：　　　面谈具体时间：　　年　月　日　时至　时

1.对员工在本评估期内所完成的工作的全面回顾及客观评价（含工作内容、进展与成效、不足与改进意见、工作成果评价、未完成的工作内容及原因分析等）
2.员工在下一个评估期的工作目标、工作计划、工作安排、工作内容或上级期望（本部分可由员工先考虑，面谈中再由双方进行修改确认）
3.为更好地完成本职工作和团队目标，员工在下一阶段需要努力和改善的绩效、直接主管的期望、建议、措施等
4.员工对部门（餐饮企业）工作的意见或建议、不满或抱怨，和工作、生活、学习中的烦恼和困难，以及希望得到的帮助、支持、指导
5.以上面谈提纲中未涉及的其他面谈内容

员工签字（我同意面谈内容）：　　　　　直接主管签字（我同意面谈内容）：

三十一、员工绩效评估申诉表

员工绩效评估申诉表见表9-33。

表9-33 员工绩效评估申诉表

填写日期： 年 月 日　　　　接收日期： 年 月 日

姓名		所属部门、项目、小组		职位	
被评估期间		主评估人		上一级主管	
初评结束日期		主评估人是否曾经与你进行过正式的绩效交流		是（ ） 否（ ）	
详细描述申诉理由			申述人签名：	年 月	日
调查事实描述			调查人签名：	年 月	日
主评人处理意见			主评人签名：	年 月	日
仲裁意见			仲裁人签名：	年 月	日
特别说明：					

三十二、员工绩效评估结果汇总表

员工绩效评估结果汇总表见表9-34。

表9-34 员工绩效评估结果汇总表

评估期间： 年 月　　　　汇总人：

姓名	评估结果				总评
	第一季度	第二季度	第三季度	第四季度	

三十三、离职交接清单

离职交接清单见表9-35。

表9-35 离职交接清单

员工个人资料						
姓名		部门		职位	
联系电话		入职时间		填表时间	
第一部分 直属部门（工作交接事宜）						
1.经办事的交接						
2.文件资料的交接						
3.电脑密码是否告知餐饮企业：□是　□否				接收人	日期	
4.其他事项：						
5.是否附工作交接清单：□是　□否共　　页						
以上手续已清，同意离职						
经手人：　　　　　部门经理或总监：　　　　　日期：						
第二部分　财务部门						
1.借支、备用金是否清还　是□　否□　尚欠□						
2.费用是否报销或返纳　是□　否□　尚欠□						
3.其他已交接事宜：						
4.尚未交接事宜：						
以上手续已清，同意离职						
经手人：　　　　　财务经理或总监：　　　　　日期：						
第三部分　人力资源部门						
行政类						
1.已回收：□员工卡　□钥匙　□餐饮企业名片　□餐饮企业资料证件　□餐饮企业图书						
2.内部E-mail地址是否已删除　　□是　□否						
3.是否已回收办公用品、固定资产　　□是　□否						
4.本月工作日____天，该员工实际出勤____天						
经手人：　　　　　日期：						
人事类						
实际离职日		其他应补发事项		社会保险卡退还日期	
当月工作日		补发金额		退还项目	
该员工月薪		其他应扣发项		总计应发款金额	
工资小计		扣发金额		发放日期	
经办人：　　　　　人力资源部经理或总监：　　　　　日期：						
本人确认以上金额合计_____元为本人离职薪金的全部，以后一切费用与本餐饮企业无关。						
离职员工签名：　　　　　日期：						

三十四、员工培训档案

员工培训档案见表9-36。

表9-36 员工培训档案

姓名			出生时间			入店日期	
部门					原工作单位		
学历	学校		学历		专业	毕业日期	
	1						
	2						
	3						
	4						
内部培训	培训日期		培训内容			培训时间	评估
外部培训	培训日期		培训内容及证书			培训时间	发证单位及有效年限
喜欢的工作							
特长							
备注							

三十五、员工申诉表

员工申诉表见表9-37。

表9-37 员工申诉表

申诉人	单位	职称	姓名
申诉事由与内容			
希望解决方式			
处理方式			
处理时间			

三十六、员工满意度调查表

员工满意度调查表见表9-38。

表9-38　员工满意度调查表

为了提高员工的工作积极性，完善餐饮企业各方面管理制度，并达到有的放矢的目的，现对本餐饮企业员工进行此次不记名调查，希望大家从餐饮企业及自身的利益出发，积极配合，认真翔实地填写该调查表，同时为耽误您的工作时间表示歉意！

第一部分　行政人事管理部分

1. 你认为公司的招聘程序是否公正合理？如果不合理，应在哪些方面改进？

　A. 很合理　　　　　　B. 较合理　　　　　　C. 一般

　D. 较不合理　　　　　E. 很不合理

　需改进的方面：

　_____

2. 你认为员工的绩效考评应该从以下几个方面考核？（可多选）

　A. 任务完成情况　　　B. 工作过程　　　　　C. 工作态度　　　　　D. 其他

3. 在绩效考评中，你认为以上第2题选项中哪项应为主要考核内容？

　_____

4. 你认为餐饮企业应该依据下述哪些标准发放薪酬？（可多选）

　A. 绩效考评结果　　　B. 学历　　　　　　　C. 在餐饮企业服务年限　　　D. 其他

5. 在薪酬标准中，你认为以上第4题选项中哪项应为主要依据？

　_____

6. 你认为与餐饮企业签订哪种劳动合同更为合适？（只限专职员工回答）

　A. 1年　　　　　　　B. 2年　　　　　　　C. 3年

　D. 没有具体年限限制，如果员工认为餐饮企业不合适或餐饮企业认为员工不合适可随时协商解除劳动合同

7. 你认为餐饮企业目前的福利政策（节日礼品、生日礼物、健康体检、带薪假期、社会养老和失业保险）是否完善？若不完善，还需进行哪方面的改善？

　A. 是　　　　　　　　B. 否

　改善：

　_____

8. 你认为自己最需要哪些培训？

　_____

9. 你认为是否有必要对餐饮企业的中层领导进行管理知识培训？

　A. 有　　　　　　　　B. 没有

10. 如果是技术认证培训，并且需要个人出资，你最大的承受能力是多少？

　A. 100元内　　　　　B. 500元内　　　　　C. 1000元内

续表

D.如果该项培训对自己很重要，还可以承担更多

11.你认为在餐饮企业工作有没有发展前途？
　　A.有　　　　　　　　B.说不准　　　　　　C.没有

12.除薪酬外，你最看重：
　　A.提高自己能力的机会　　　　　　B.好的工作环境
　　C.和谐的人际关系　　　　　　　　D.工作的成就感

13.你认为目前最大的问题是：
　　A.没有提高自己能力的机会　　　　B.工作环境较差
　　C.人际关系不太和谐　　　　　　　D.工作没有成就感

14.你认为目前的工作：
　　A.很合适，并且有信心、有能力做好　　　B.是我喜欢的工作，但自己的能力有所欠缺
　　C.不是我理想的工作，但我能够做好　　　D.不太适合，希望换一个岗位

15.你的职业倾向：
　　A.希望在目前这个方向一直干下去　　　　B.希望换一个方向
　　C.没有想过　　　　　　　　　　　　　　D.根据环境的变化可以变化

16.你认为餐饮企业环境卫生情况如何？
　　A.很好　　　　　　B.良好　　　　　　C.一般
　　D.较差　　　　　　E.很差

17.你认为现行考勤制度是否合理？若不合理，讲明原因。
　　A.合理　　　　　　B.不合理
　　原因：
　　_____

18.你认为当前的人事管理的最大问题在什么地方？
　　A.招聘　　　　　　B.培训　　　　　　C.薪酬　　　　　　D.考评

第二部分（员工个人部分）

1.你认为餐饮企业目前的工作环境：
　　A.很好　　　　　　B.较好　　　　　　C.一般
　　D.较差　　　　　　E.很差
　　如果选D或E，你希望哪方面有所改进？
　　_____

2.现在工作时间的安排是否合理？
　　A.很合理　　　　　B.较合理　　　　　C.一般
　　D.较不合理　　　　E.很不合理
　　如果选D或E，你希望哪方面有所改进？
　　_____

3.你对工作紧迫性的感受如何？
　　A.很紧迫　　　　　B.较紧迫　　　　　C.一般

续表

D. 较轻松 　　　　　　E. 很轻松

如果选D或E，你希望哪方面有所改进？

_____

4. 你认为工作的挑战性如何？

A. 很有挑战性　　　　B. 较有挑战性　　　　C. 一般

D. 较无挑战性　　　　E. 无挑战性

如果选D或E，你希望哪方面有所改进？

_____

5. 你认为自己的能力是否得到了充分发挥？

A. 已尽我所能　　　　B. 未能完全发挥　　　C. 没感觉

D. 对我的能力有些埋没　　　　　　　　　　E. 没有能让我施展的机会

如果选D或E，你希望哪方面有所改进？

_____

6. 你的工作是否得到了领导及同事的认可？

A. 非常认可　　　　　B. 较认可　　　　　　C. 一般

D. 较不认可　　　　　E. 非常不认可

如果选D或E，你希望哪方面有所改进？

_____

7. 你对目前的待遇是否满意？

A. 很满意　　　　　　B. 较满意　　　　　　C. 一般

D. 较不满意　　　　　E. 不满意

如果选D或E，你希望哪方面有所改进？

_____

8. 你与同事的工作关系是否融洽？

A. 很融洽　　　　　　B. 较融洽　　　　　　C. 一般

D. 较不融洽　　　　　E. 很不融洽

如果选D或E，你希望哪方面有所改进？

_____

9. 你与其他部门的合作是否融洽？

A. 很融洽　　　　　　B. 较融洽　　　　　　C. 一般

D. 较不融洽　　　　　E. 很不融洽

如果选D或E，你希望哪方面有所改进？

_____

10. 是否受多重领导？

A. 经常是　　　　　　B. 偶尔　　　　　　　C. 从来没有

如果选A，你希望哪方面有所改进？

_____

续表

| 11.工作职责是否明确？ |
| A.是　　　　　　　　B.不是 |
| 如果选B，你希望哪方面有所改进？ |
| _____ |
| 12.你对哪层领导寄予希望？ |
| A.直接上级　　　　　B.主管经理　　　　　C.总经理 |
| 13.你认为餐饮企业的主要优势是什么 |
| A.技术　　　　　　　B.市场　　　　　　　C.管理 |
| 请简述理由： |
| _____ |
| 14.你认为餐饮企业的主要问题是什么？ |
| A.技术　　　　　　　B.市场　　　　　　　C.管理 |
| 请简述理由： |
| _____ |
| 15.你希望餐饮企业用什么样的方式奖励你的出色表现？（请概述） |
| _____ |
| 16.你对餐饮企业的其他建议（请概述）： |
| _____ |
| _____ |